THINK
양육

나를 살리는 큐티,
우리를 살리는 고백

'THINK 양육'은 지식을 쌓기 위한 성경 공부가 아니라 자신의 가치관을 바꾸는 훈련입니다. THINK 양육의 핵심은 '구속사로 성경을 읽어 가는 큐티'를 배우는 데 있습니다. 큐티는 생각하는 훈련입니다. 주님을 알기 전에 우리는 자기중심적인 생각을 합니다. 사건마다, 사람마다 자기 입장에서 생각하기에 다른 사람을 이해하지 못하고, 원망과 불평의 올무에 갇히기 쉽습니다. 그러나 주님은 나 한 사람의 구원을 위해 이 세상의 모든 환경을 움직이셨을 뿐만 아니라 오랜 시간 기다려 주시고 자신의 생명까지 내어 주셨습니다. 이런 주님을 만나게 된 사람은 매 순간 '예수님이라면 나와 같은 상황에서 어떻게 하셨을까?' 하고 생각하게 됩니다.

 '생각'(think)을 잘못하면 '가라앉게'(sink) 되고, '탱크'(tank)처럼 자기 열심으로 밀어붙이게 됩니다. 내 생각에 치우치지 않고 예수님처럼 생각하려면 말씀으로 오신 주님을 만나야 합니다. 큐티는 말씀 묵상을 통해 내 생각과 욕심을 가지치기하는 훈련입니다. 성경을 구속사적인 관점으로 보면서 아브라함을 비롯한 수많은 믿음의 조상들의 삶에 자신을 투영시켜 조명하는 것입니다. 그러면서 자신의 죄를 발견하고 주님의 은혜 없이는 살 수 없는 존재임을 깨달으며, 매일 새롭게 거룩한 사람으로 창조해 가는 신앙 훈련입니다. '생각'(think)을 바르게 하면, 어떤 환경에서도 '감사'(thank)가 나오고, 큐티의 궁극적인 목적인 영혼 구원의 사명을 발견하는 데까지 이르게 됩니다.

이렇게 말씀 앞에 겸손히 자신을 직면하고 하나님의 주권을 인정하면 나의 구원을 위해 어떤 것도 버릴 것이 없음을 깨닫게 됩니다. 말씀 안에서 '나'와 다른 '너'를 이해하고 받아들이며, 상대방의 사건을 주님의 마음으로 깊이 체휼하고, 십자가 지는 사랑으로 나아가게 됩니다. 이렇게 영혼 구원을 목적으로 이타적인 삶을 소망하는 사람들이 모인 공동체는 은혜와 구원의 통로로 쓰임 받게 됩니다.

'THINK 양육'을 통해 체득하게 될 큐티의 개념은 다음과 같습니다.

하나님의 구속사로 성경을 차례대로 읽어 가는 큐티, 프로그램이 아닌 날마다 해야 하는 삶의 과정인 큐티, 내 죄를 보는 큐티, 십자가를 길로 놓는 큐티, 나의 약재료로 다른 사람을 살리는 큐티, 죄 고백이 능력임을 경험하는 큐티, 환난당하고 빚지고 원통한 자들과 함께하는 큐티, 공동체를 정결케 하는 큐티, 인생의 목적은 행복이 아니라 거룩임을 깨닫는 큐티, 내게 일어난 사건을 말씀으로 해석하는 큐티, 질서에 대한 순종을 배우는 큐티, 한 영혼의 소중함을 깨닫는 큐티, 끼리끼리 공동체에서 사명 공동체로 나아가게 하는 큐티, 이타적인 삶을 가능하게 하는 큐티, 인간에 대한 이해가 깊어지는 큐티, 남녀의 구조와 역할을 깨닫게 하는 큐티, 치리와 권징을 가능하게 하는 큐티, 옳고 그름의 문제가 아님을 깨닫게 하는 큐티, 가정중수가 이루어지는 큐티, 구속사의 시각으로 사람(사건)을 보게 하는 큐티입니다.

THINK 양육은 각 과마다 'THINK'의 원리로 진행됩니다.

첫 번째 단계는 '마음 열기'(Telling, 텔링)입니다.

THINK의 첫 시작, 마음 열기는 예수님을 초청하는 시간입니다. 내 삶이 예수님과 어떤 연관이 있는지 생각해 보면서 마음 문을 열어 봅니다. 예수님은 의인을 찾으러 오신 것이 아니라 죄인을 부르려고 오셨습니다. 예수님을 초청한다는 것은 내 죄를 고백하는 것이기도 합니다. 그리고 주일/수요 설교 말씀을 되새기면서 나를 찾아오신 주님께 마음을 열고 내 생각을 말합니다.

두 번째 단계는 '말씀 읽기'(Holifying, 홀리파잉)입니다.

우리는 스스로 거룩해질 수 없습니다. 오직 말씀이신 예수님(요 1:14)을 만나야만 삶이 거룩해집니다. 매주 주제 큐티 말씀을 묵상할 때, 본문 말씀이 나를 읽고 지나갈 수 있도록 성령의 감동을 구해야 합니다(딤후 3:16).

세 번째 단계는 '해석하기'(Interpreting, 인터프리팅)입니다.

우리는 예수님을 영접해도 각자 살아온 방식이 있어서 자기 생각으로 예수님을 만나려고 합니다. 그러나 내 생각에 예수님의 생각을 맞추는 것이 아니라 내 생각을 내려놓고 나를 만나 주신 예수님의 생각을 알아가야 합니다. 그래야 말씀을 구속사로 해석할 수 있습니다. 말씀을 구속사로 해석하는 것은 옳고 그름을 논하는 것이 아니라 하나님의 관점, 곧 구원의 관점으로 성경을 보는 것입니다. 매 과의 '해석하기'는 성경을 구속사적인 관점으로 보고 생각하는 데 큰 도움이 될 것입니다.

네 번재 단계는 '돌아보기'(Nursing, 널싱)입니다.

말씀으로 주님을 만나고 하나님의 관점으로 해석한 다음에는 스스로 말씀을 깨닫는 훈련을 해야 합니다. 주제 도서를 읽고 독후감을 쓰는 동안 매 과의 주제가 좀 더 명확해집니다. 깨달은 말씀에 비추어 자신을 돌아보고, 지체와 공동체를 돌아보게 됩니다. 내가 먼저 양육이 되면 손과 발, 시간과 물질이 가는 '적용'을 하게 되고, 다른 사람을 돌보며 공동체를 섬기는 데까지 나아가게 됩니다.

마지막 단계는 '살아내기'(Keeping, 키핑)입니다.

깨달은 말씀을 마음에 새기고 실제적인 삶을 살아낼 때, 자신과 가정, 공동체를 지킬 수 있습니다. 일주일간 《큐티인(QTin)》(큐티엠 발행, 월간)을 활용하여 큐티하고, 매주 주제에 맞는 생활 숙제를 하면서 삶의 변화를 경험하게 됩니다. 날마다 큐티를 하면서 말씀으로 살아가고, 말씀을 지키는 삶이야말로 가정과 공동체를 중수하는 삶입니다.

특별히 THINK 양육은 양육자와 동반자 간에 성경 지식을 가르치고 배우는 시간이 아니라 서로의 삶을 나누고 예수 그리스도를 본받는 훈련입니다. 신앙고백으로 시작해 하나님, 예수님, 성령님에 대해 생각하고 나누며, 그리스도인의 삶에 대해 실제적으로 배우면서 자기 자신을 직면하게 됩니다. 이를 통해 큐티와 기도생활, 예배생활이 자연스럽게 삶에 녹아들 것입니다.

끝으로, 생각이 넘쳐나는 이 시대에 'THINK 양육'을 통해 내 생각을 버리고 예수님의 생각을 구하며 그분의 뜻에 따라 최소한의 순종을 할 수 있는 은혜가 임하기를 간구합니다. 무너진 영적 질서가 바로 세워지고 관계가 회복되며, 자신과 가정, 공동체를 중수하는 여러분이 되시기를 주님의 이름으로 축원합니다.

큐티엠 대표

THINK 기초양육 (6주)

기독교의 기본 교리를 배우는 과정으로, 세례 교육 과정을 포함합니다. 세례를 받기 위해서는 이 과정을 반드시 수료해야 하며, THINK 양육을 받기 전에 기초를 다지게 됩니다. 매주 6주 과정이 쉬지 않고 순환하여 진행되므로 언제든 양육을 시작할 수 있습니다.

THINK 양육 (10주)

교회 등록 후 3개월이 지난 세례교인이 소그룹 리더(소속 목장의 목자)의 추천을 받아 신청합니다. 10주 과정으로 1년에 두 차례 모집합니다(모집 방법은 각 교회 방침에 따름). 양육자와 1–3명의 동반자로 구성되며, 성경 지식을 가르치고 배우는 것이 아니라 서로의 삶을 나누고 예수 그리스도를 본받는 훈련입니다. 신앙고백으로 시작해 하나님, 예수님, 성령님에 대해 묵상하고 나누며, 그리스도인의 삶에 대해 실제적으로 배우면서 자기 자신에 대해 알게 됩니다. 이를 통해 큐티와 기도생활, 예배생활이 자연스럽게 삶에 녹아들 것입니다.

THINK 양육교사 (10주)

THINK 양육을 수료한 성도가 다시 양육자로 섬기기 위해 거쳐야 하는 심화 과정입니다. 담당 사역자로부터 동반자를 섬기며 나눔을 인도하는 방법을 훈련받습니다. 교재와 과제물은 THINK 양육과 동일하며, 수료 후에 THINK 양육교사로 섬기게 됩니다. 자기중심적 신앙에서 벗어나 영적 리더십을 배우면서 지경이 넓어지며, 자신의 상처와 죄를 깊이 드러냄으로써 영적 갈등의 치유와 회복을 경험하게 됩니다.

THINK 예비목자양육 I·II(총 20주)

리더를 세우기 위한 과정으로, 소그룹(목장)의 부목자와 목자가 목원들을 효과적으로 섬기기 위해 양육되는 과정입니다. THINK 예비목자양육은 두 단계로 나뉘는데, 목자로 섬기게 될 사람은 20주간의 예비목자양육 I·II 과정을 모두 이수해야 합니다. 예비목자양육 I 과정을 마친 성도 가운데 일부가 목자로 부름을 받고, 목자로 세워지면 예비목자양육 II 과정을 수료하게 됩니다. 이로써 하나님 나라를 확장하는 사명을 감당하게 됩니다.

THINK 중보기도 (4주/단계, 연 2회)

THINK 중보기도는 기복(祈福)을 넘어선 팔복(八福)의 기도를 배우는 시간으로, 소그룹 리더의 추천을 받고 세례를 받은 분이라면 참여 가능합니다. THINK 중보기도는 두 단계로 나뉘며, 각 단계는 4주 과정으로 연 2회(총 8주) 진행됩니다. 매주 2개씩, 전체 16개의 주제를 다루게 됩니다(진행 방법은 각 교회 방침에 따름). 나만을 위해, 가족만을 위해 드렸던 기도의 울타리를 넘어서서 넓게 펼쳐볼 수 있습니다. THINK 중보기도를 통해 중보기도 파수꾼으로 섬길 자격을 얻게 되며, 누군가를 위해 중보기도하는 '기도의 사람'으로 거듭날 것입니다.

1. THINK 양육은 한 명의 양육자와 1-3명의 동반자로 이루어집니다(양육을 진행하는 사람은 '양육자', 양육을 받는 사람은 '동반자'라는 명칭 사용).

2. THINK 양육은 성경 지식을 가르치고 배우는 시간이 아니라 관계 안에서 말씀으로 삶을 나누고 예수 그리스도를 본받는 훈련입니다. THINK 양육에서 가장 중요한 것은 양육자와 동반자라는 관계의 질서에 순종하는 것입니다. 주님은 이 땅의 질서에 순종하시기 위해 십자가를 지셨습니다. 양육자는 십자가 지는 사랑을 삶으로 본보이고, 동반자는 신뢰하는 마음으로 양육에 임해야 합니다.

3. 교재를 미리 읽고, 관련 성경 본문(주제 큐티 본문)을 충분히 묵상한 뒤 양육에 참여하십시오. 말씀 앞에 겸손히 자신을 직면하고 하나님의 주권을 인정하는 만큼 내 인생을 말씀으로 해석할 수 있습니다.

4. 큐티는 하나의 프로그램이 아니라 날마다 해야 하는 삶의 과정입니다. 양육 기간에는 큐티와 기도 생활, 생활 예배를 결단하고 습관화해야 합니다. 하루의 시작뿐 아니라 모든 시작과 끝에 말씀 묵상이 있어야 합니다. 지식을 얻기 위함이 아니라 내게 약속하신 말씀이 이루어지는 THINK 양육이 되기를 기도하십시오.

5. 양육 기간 중에 그동안 미처 몰랐던 개인의 문제가 드러날 수 있습니다. 문제가 있는 것이 문제가 아니라 오히려 문제가 없는 것이 문제입니다. 숨겨진 문제가 드러나는 것은 하나님이 일하기 시작하셨다는 뜻이므로 자신의 연약함을 감추려 하

지 말고 진솔하게 나누기 바랍니다. 주님이 말씀하시는 어떤 말씀도 겸손하게 받아들일 수 있도록 기도하고, 사역자에게도 기도 요청을 하기 바랍니다.

6. 항상 시간을 엄수하기 바랍니다. 시간의 주인은 주님이십니다. 시간을 소홀히 여기는 것은 주님을 경홀히 여기는 것과 같습니다.

7. 양육 중에는 말씀 나눔 외에 다른 어떤 것에도 마음을 빼앗기지 않도록 주의해야 합니다. 휴대폰은 꺼 두거나 진동으로 해 두고 양육에 집중해 주십시오.

8. THINK 양육의 일차적 목적은 영혼 구원입니다. 주님은 구원을 위해 뱀같이 지혜롭고 비둘기같이 순결하라고 가르치셨습니다. 의도가 순수해도 지혜롭지 못하면 갈등을 불러일으키고 사소한 것에 상처받을 수 있습니다.

양육자는 기본적으로 동반자의 입장을 공감하며 존중하는 태도가 필요합니다. 일방적으로 가르치는 태도는 동반자에게 정죄감을 불러일으킬 수 있습니다. 자신의 죄를 드러내는 오픈은 하나님 앞에서 하는 것이므로 강요해서는 안 됩니다. 동반자의 믿음 수준에 따라 마음이 열릴 때까지 기다려 주는 것이 필요합니다. 또한 THINK 양육을 통해 알게 된 깊은 나눔은 철저히 비밀을 유지해야 합니다. 그럼에도 실수할 수 있습니다. 그러나 진정한 사랑에는 두려움이 없듯이 상대방에 대한 진정한 관심과 구원에 대한 애통함이 있다면, 하나님께서 우리의 부족과 약함을 선으로 바꾸실 것입니다.

차례

※ 일부 주제 큐티 예시 필자의 이름은 본인의 요청으로 필명을 사용했음을 밝힙니다.

간증은 하나님을 믿어 세상적으로 잘된 것을 자랑하는 것이 아닙니다.

나를 죄와 사망에서 건져 주시고 구원해 주신 주님과의 첫 만남과

그 후 주님의 은혜로 변화된 나의 출애굽을 이야기하는 것입니다.

01

신앙고백과 간증

나의 출애굽

누가복음 5:1-11

신앙고백과 간증

나의 출애굽 누가복음 5:1-11

마음 열기 Telling 마음을 열고 생각을 나누는 시간

- 누군가에게 사랑을 고백한 적이 있습니까?
- 주일/수요 설교를 듣고 느낀 점을 나눠 봅시다.

말씀 읽기 Holifying 주님을 만나는 묵상의 시간

신앙고백은 하나님이 나를 어떻게 예수님 안에 있는 구원의 복음으로 이끄셨는지 시인하는 것입니다. 하나님은 그분을 향한 나의 믿음을 사람들과 나눌 수 있도록 '간증'이라는 도구를 주셨습니다. 그러나 간증은 하나님을 믿어 세상적으로 잘된 것을 자랑하는 것이 아닙니다. 나를 죄와 사망에서 건져 주시고 구원해 주신 주님과의 첫(또는 인격적인) 만남과 그 후 주님의 은혜로 변화된 나의 출애굽을 이야기하는 것입니다. 간증은 내 자아가 죽고 회개하여 구원의 주체이신 하나님을 찬양하는 십자가의 노래입니다.

주제 본문

누가복음 5:1-11

1 무리가 몰려와서 하나님의 말씀을 들을새 예수는 게네사렛 호숫가에 서서 2 호숫가에 배 두 척이 있는 것을 보시니 어부들은 배에서 나와서 그물을 씻는지라 3 예수께서 한 배에 오르시니 그 배는 시몬의 배라 육지에서 조금 떼기를 청하시고 앉으사 배에서 무리를 가르치시더니 4 말씀을 마치시고 시몬에게 이르시되 깊은 데로 가서 그물을 내려 고기를 잡으라 5 시몬이 대답하여 이르되 선생님 우리들이 밤이 새도록 수고하였으되 잡은 것이 없지마는 말씀에 의지하여 내가 그물을 내리리이다 하고 6 그렇게 하니 고기를 잡은 것이 심히 많아 그물이 찢어지는지라 7 이에 다른 배에 있는 동무들에게 손짓하여 와서 도와 달라 하니 그들이 와서 두 배에 채우매 잠기게 되었더라 8 시몬 베드로가 이를 보고 예수의 무릎 아래에 엎드려 이르되 주여 나를 떠나소서 나는 죄인이로소이다 하니 9 이는 자기 및 자기와 함께 있는 모든 사람이 고기 잡힌 것으로 말미암아 놀라고 10 세베대의 아들로서 시몬의 동업자인 야고보와 요한도 놀랐음이라 예수께서 시몬에게 이르시되 무서워하지 말라 이제 후로는 네가 사람을 취하리라 하시니 11 그들이 배들을 육지에 대고 모든 것을 버려 두고 예수를 따르니라

1. 예수님의 기적을 보고 무리가 몰려오지만, 주님은 고기를 잡지 못한 채 호숫가에서 그물을 씻고 있는 어부들을 주목하시고 그들에게 다가가십니다(2절). 우리가 실패하고 무너진 자리를 아시고, 우리의 열등감을 자극하지 않으시며 먼저 찾아와 주시는 주님이십니다. 그러므로 우리도 실패하고 낙심한 지체를 주목하고 그들에게 먼저 다가가야 합니다. 베드로(시몬)의 빈 배에 오르신 예수님은 먼저 배를 육지에서 조금 떼기를 청하시고, 무리에게 말씀을 가르치십니다(3절). 우리도 나의 빈 배에 오르신 주님의 말씀을 들으려면 먼저 내 현실의 문제에서 한 걸음 떨어져야 합니다. 그래야 말씀에 집중할 수 있습니다.

2. 무리에게 말씀을 마치신 후 예수님은 베드로에게 "깊은 데로 가서 그물을 내려 고기를 잡으라"고 하십니다(4절). 먼저 말씀을 들려주신 다음, 할 일을 가르치십니다. 우리는 가진 것이 조금이라도 있으면 주님의 말씀을 들으려 하지 않습니다. 내 생각에 사로잡혀 가르침대로 하지 않습니다. 하지만 베드로는 빈 배였기에 자기 생각을 내려놓고 "말씀에 의지하여 내가 그물을 내리리이다" 합니다(5절). 그 결과, 그물이 찢어지도록 채워 주시는 기적을 경험합니다. 이에 베드로는 주님의 무릎 아래 엎드립니다. 나아가 자신이 한없이 비천한 존재라는 걸 깨닫고, 죄인임을 고백합니다(8절). 단순히 우리의 문제를 해결해 주시려고 주님이 기적을 베푸시는 것이 아닙니다. 기적을 통해서 내가 얼마나 무능한 존재인지, 동시에 예수님이 누구신지, 그 능력이 얼마나 크신지 깨닫게 하기 위함입니다. 그러므로 우리는 기적 앞에서도 내 죄를 보고 회개해야 합니다. 그리하면 예수님을 '선생님'에서 '주(主)'로 고백하게 된 베드로처럼 우리도 예수님을 '나의 하나님'으로 부르게 됩니다. 가치관이 달라지고, 변화된 삶을 살게 됩니다.

3. 예수님은 베드로의 신앙고백을 들으시고 "무서워하지 말라 이제 후로는 네가 사람을 취하리라"라고 말씀하시며 베드로를 사명의 자리로 불러 주십니다(10절). 우리도 각자의 빈 배에서 예수님을 만나면 주님의 부르심을 따라 사명의 자리로 나아가야 합니다. 주님이 우리의 빈 배를 채워 주시고, 병을 고쳐 주시고, 학교, 결혼, 직장을 허락하시는 것은 모두 예수님을 따르게 하기 위함입니다.

점점 더 깊은 데로

김희정

본문 요약

예수님은 시몬의 배에 오르십니다. 그리고 밤새 고기를 잡지 못한 그에게 깊은 데로 가서 그물을 내리라고 하십니다. 시몬이 말씀에 의지해 그물을 내리자 많은 고기가 잡힙니다. 이를 본 시몬 베드로가 자신이 죄인임을 고백하자 예수님은 "이후로는 네가 사람을 취하리라"라고 말씀하십니다. 베드로와 그의 동업자들은 모든 것을 버려두고 예수님을 따릅니다.

질문하기

1. 왜 베드로는 예수님의 말씀에 의지해서 깊은 데로 가서 그물을 내렸을까? (4절)
2. 왜 예수님은 베드로에게 "이제 후로는 네가 사람을 취하리라"고 하셨을까? (10절)

묵상하기

1. 왜 베드로는 예수님의 말씀에 의지해서 깊은 데로 가서 그물을 내렸을까? (4절)

베드로는 능숙한 어부였지만 밤새 수고했어도 잡은 것이 없었습니다. 이때 자신의 배에 오르신 예수님의 가르침을 듣게 되었습니다. 말씀을 마치신 예수님은 베드로에게 깊은 데로 가서 그물을 내리라고 하십니다. 베드로가 자신의 지식과 생각이 아닌 말씀에 의지해 그물을 내리자 많은 고기가 잡히는 기적이 일어납니다.

저는 결혼 후 전문의 자격을 취득해 병원을 개원했습니다. 근처 교회에 등록해 주일예배는 드렸지만, 소그룹 모임은 시간이 아깝다고 생각해 참석하지 않았습니다. 그러던 중 주일예배에서 "공동체와 함께 신앙생활하는 것이 중요합니다"라는 말씀을 듣게 되었고, 순종하는 마음으로 부부 소그룹 모임에 참석했습니다. 그러자 소그룹 리더는 주중 여자 소그룹 모임도 참석해 보라고 권면하셨습니다.

당시 저는 베드로처럼 아무리 노력해도 병원 수입이 별로 없었기에 고민이 되었습니다(5절). 병원이 더 어려워질까 봐 걱정되었지만 "깊은 데로 가서 그물을 내리라"(4절)는 말씀에 의지해서 순종했습니다. 부원장을 고용해 주중 진료를 맡기고, 평일 중 하루는 여자 소그룹 모임, 하루는 수요예배, 또 하루는 THINK 양육을 받았습니다. 그런데 수입이 줄 거라는 제 예상과 달리, 베드로가 그물이 찢어지도록 고기를 잡은 것처럼 병원을 찾는 환자들이 많아지고, 수입이 크게 늘어나는 기적을 경험하게 되었습니다(6-7절).

2. 왜 예수님은 베드로에게 "이제 후로는 네가 사람을 취하리라"고 하셨을까? (10절)

주님의 능력을 체험한 베드로는 자신이 죄인임을 고백합니다. 예수님은 베드로에게 이후로는 구원을 위하 사람을 취하라고 하십니다. 그러자 베드로와 동업자들은 모든 것을 버려두고 예수님을 따릅니다.

병원이 안정되자 저는 사람을 취하기보다 자녀 교육도 성공해 보겠다고 이사까지 하며 열심을 냈습니다. 그러나 모범생이던 아들은 사춘기가 되자 공부는 물론 등교까지 거부하고 각종 사건에 휘말렸습니다. 아들의 방황으로 학교폭력위원회, 경찰서, 법원까지 가게 되었고, 우리 부부도 갈등이 심해졌습니다.

공동체에 나누며 힘든 시간을 살아내고 있을 때, 예수님은 다시 저의 빈 배에 오르셔서 큐티와 예배로 말씀을 들려주셨습니다(3절). 말씀을 들으며 비로소 성공복음과 기복신앙으로 자녀를 힘들게 하고, 남편의 질서에 순종하지 않은 제 죄를 깨닫고 회개하게 되었습니다(8절). 그러자 소그룹 모임에서 이번에는 중등부 교사로 섬겨보라고 권면하셨습니다. 저는 육신의 자녀는 하나님께 맡기고 영적 자녀의 구원을 위해 헌신하라는 말씀에 의지하여 중등부 교사로 섬기게 되었습니다. 그러자 아들은 사춘기를 지나 믿음을 회복했고, 청년이 된 지금은 저와 함께 중등부를 섬기는 든든한 동역자가 되었습니다.

현재 우리 부부는 공동체에서 소그룹 리더, 중등부 교사, 청년부 멘토로 섬기며 사람을 취하는 삶을 살고 있습니다. 죄인인 제게 때마다 찾아오셔서 말씀으로 양육해 주시고 예수님을 따르는 삶을 살게 해 주신 하나님께 감사드립니다.

적용하기

- 날마다 큐티하며 저의 세 자녀와 공동체의 자녀들을 위해 기도하겠습니다.
- 학교 생활이 힘든 중등부 아이들을 찾아가 공감하고, 위로하겠습니다.

기도하기

주님, 세상에서 돈과 자녀의 성공이라는 물고기만 열심히 낚으며 살던 저를 말씀으로 불러 주셔서 감사합니다. 이제는 한 영혼의 구원을 위해 살아가는, 사람 낚는 어부로 쓰임받게 해 주시옵소서.

 **돌아보기** Nursing 주제 도서 읽고 나누기

- 『**효과적인 간증**』(데이브 도슨, 네비게이토)을 읽고, 독후감을 작성해 봅시다.

 **살아내기** Keeping 한 주의 실천 과제와 매일 큐티

- **생활 숙제** 나의 출애굽 사건을 간증문으로 작성해 봅시다.
- **매일 큐티** 매일 큐티를 통해 나 자신과 가정, 공동체를 어떻게 지키고자 했는지 돌아봅시다.

성구 암송과 교리 요약

신앙고백

9 네가 만일 네 입으로 예수를 주로 시인하며 또 하나님께서 그를 죽은 자 가운데서 살리신 것을 네 마음에 믿으면 구원을 받으리라 10 사람이 마음으로 믿어 의에 이르고 입으로 시인하여 구원에 이르느니라 로마서 10:9-10

신앙고백이란 자신의 죄와 무능력을 하나님과 공동체 앞에서 시인하고, 예수 그리스도께서 내 죄를 위해 십자가에서 대신 죽으셨음을 전인격적으로 받아들이는 것입니다.

바람직한 간증

8 시몬 베드로가 이를 보고 예수의 무릎 아래에 엎드려 이르되 주여 나를 떠나소서 나는 죄인이로소이다 하니 누가복음 5:8

진정한 간증이란 내 죄를 부끄러워하지 않고 고백하는 것이고, 한 걸음 더 나아가 나의 죄패를 약재료 삼아 다른 사람을 살리는 데까지 이르는 것입니다.

MEMO

삶의 우선순위를 하나님 나라에 두고 당장 '급한' 세상일보다
하나님 나라의 '중요한' 일, 구원의 일에 우선하면 주님은 하늘의 문을 열어 주십니다.
우리의 모든 의식주를 책임져 주십니다.

02

시간 관리

급한 일과 중요한 일

창세기 28:10-22

02 시간 관리

급한 일과 중요한 일 창세기 28:10-22

 **마음 열기** Telling 마음을 열고 생각을 나누는 시간

- 하루 중 가장 소중한 시간은 언제입니까?
- 주일/수요 설교를 듣고 느낀 점을 나눠 봅시다.

 **말씀 읽기** Holifying 주님을 만나는 묵상의 시간

모든 일에는 항상 때가 있습니다. 내 생각에 급한 일이라도 하나님이 정하신 때가 되어야 성취됩니다. 하나님의 때가 차기까지 보내는 시간은 결코 헛되지 않습니다. 그러므로 우리는 날마다 말씀으로 인도함을 받으며 급한 일과 중요한 일을 분별해야 합니다. 우리 인생에 구원보다 더 시급하고 중요한 일은 없습니다. 삶의 우선순위를 하나님 나라에 두고 당장 '급한' 세상일보다 하나님 나라의 '중요한' 일, 구원의 일에 우선하면 주님은 하늘의 문을 열어 주십니다. 우리의 모든 의식주를 책임져 주십니다.

10 야곱이 브엘세바에서 떠나 하란으로 향하여 가더니 11 한 곳에 이르러는 해가 진지라 거기서 유숙하려고 그 곳의 한 돌을 가져다가 베개로 삼고 거기 누워 자더니 12 꿈에 본즉 사닥다리가 땅 위에 서 있는데 그 꼭대기가 하늘에 닿았고 또 본즉 하나님의 사자들이 그 위에서 오르락내리락 하고 13 또 본즉 여호와께서 그 위에 서서 이르시되 나는 여호와니 너의 조부 아브라함의 하나님이요 이삭의 하나님이라 네가 누워 있는 땅을 내가 너와 네 자손에게 주리니 14 네 자손이 땅의 티끌 같이 되어 네가 서쪽과 동쪽과 북쪽과 남쪽으로 퍼져나갈지며 땅의 모든 족속이 너와 네 자손으로 말미암아 복을 받으리라 15 내가 너와 함께 있어 네가 어디로 가든지 너를 지키며 너를 이끌어 이 땅으로 돌아오게 할지라 내가 네게 허락한 것을 다 이루기까지 너를 떠나지 아니하리라 하신지라 16 야곱이 잠이 깨어 이르되 여호와께서 과연 여기 계시거늘 내가 알지 못하였도다 17 이에 두려워하여 이르되 두렵도다 이 곳이여 이것은 다름 아닌 하나님의 집이요 이는 하늘의 문이로다 하고 18 야곱이 아침에 일찍이 일어나 베개로 삼았던 돌을 가져다가 기둥으로 세우고 그 위에 기름을 붓고 19 그 곳 이름을 벧엘이라 하였더라 이 성의 옛 이름은 루스더라 20 야곱이 서원하여 이르되 하나님이 나와 함께 계셔서 내가 가는 이 길에서 나를 지키시고 먹을 떡과 입을 옷을 주시어 21 내가 평안히 아버지 집으로 돌아가게 하시오면 여호와께서 나의 하나님이 되실 것이요 22 내가 기둥으로 세운 이 돌이 하나님의 집이 될 것이요 하나님께서 내게 주신 모든 것에서 십분의 일을 내가 반드시 하나님께 드리겠나이다 하였더라

1. 인간적인 방법으로 형의 장자권을 차지한 야곱은 자기 죄를 보고 회개하기보다 형 에서의 복수가 두려워 브엘세바를 떠나 하란으로 도망치는 '급한' 선택을 합니다(10절). 그러므로 야곱이 광야에서 홀로 돌베개를 베고 잠을 자야 하는 처량한 신세가 된 것은 분명 자기 삶의 결론입니다. 하지만 야곱의 구원을 위해 하나님이 허락하신 고난이기도 합니다. 편안한 브엘세바에서는 약속의 말씀을 깨닫지 못하기에 야곱을 광야로 보내셔서 만나 주시고 훈련하시려는 하나님의 계획이요, 사랑입니다. 11절에 '한 곳, 거기서, 그 곳, 거기'라는 장소를 가리키는 표현이 네 차례나 반복되는 것도 그렇습니다. 그 자리가 하나님이 야곱을 만나 주시기 위해 '예비하신 장소'임을 강조하는 것입니다. 그러므로 빈 들, 돌베개 같은 힘든 환경이야말로 나의 구원을 위한 하나님의 세팅입니다.

2. 꿈에서 야곱은 하나님의 사자들이 하늘에 닿은 사닥다리를 오르내리는 것을 봅니다(12절). 이는 우리의 많은 허물과 약점에도 불구하고 하나님과 인간의 교제를 회복시키려고 수고하시는 그리스도의 중보사역을 의미합니다. 그리고 13절에 "또 본즉 여호와께서 그 위에 서서 이르시되"라는 말씀은 하나님도 일어서서 야곱을 격려하셨음을 의미합니다. 인간의 연약함을 아시기에 혼자 떠난 야곱이 혹시라도 다른 길로 갈까 봐 안타깝게 바라보십니다. 그리고 "내가 너의 하나님이다. 내가 너를 떠나지 않겠다. 땅의 모든 족속이 너와 네 자손으르 말미암아 복을 받을 것이다" 하고 약속하십니다(13-14절). 거짓말하고 야비하게 산 결론으로 도망자가 된 야곱을 정죄하지 않으시고, 엄청난 위로와 약속을 주십니다. 무늬만 크리스천이던 야곱이 빈 들에 홀로 있을 때 '나를 결코 떠나지 않으시는' 하나님을 진정으로 만난 것입니다(15-16절).

3. 하나님을 만난 야곱은 아침 일찍 일어나 베개 삼았던 돌에 기름을 붓고 그곳을 벧엘이라 이름합니다(18-19절). '급히' 도망치는 중이지만 가장 '중요한' 예배를 먼저 드린 것입니다. 기름을 부은 것도 그렇습니다. 당시 기름은 귀하기도 했지만 여행자에게는 없어서는 안 되는 매우 소중한 의약품이었습니다. 그런데 이토록 귀한 기름을 돌에 부은 것은 '이제부터 하나님만 전적으로 의지하며 살겠다'는 야곱의 신앙고백입니다. 그러나 야곱은 아직 하나님을 잘 알지 못합니다. 하나님을 만나기는 했지만 온전히 '나의 하나님'이 되지 못했습니다. 하나님이 이미 엄청난 약속을 주셨는데도 조건부 서원 기도를 합니다(20-22절). 그러나 하나님이 원하시는 것은 야곱의 마음에 '급한' 서원이 아닙니다. '중요한' 예배를 먼저 회복하여 말씀을 믿고 순종하기를 원하십니다.

창세기 28:10-22

찜질방 베개에서 벧엘로

김상건

본문 요약

야곱은 하란으로 도망가는 길에 한 곳에 이르러 돌을 베개 삼아 잠을 잡니다. 꿈에 하늘에 닿은 사닥다리를 하나님의 사자들이 오르내리는 것을 보고, 하나님의 음성을 듣습니다. "나는 아브라함과 이삭의 하나님이라. 내가 너와 함께 있어 네가 어디로 가든지 너를 지키며 떠나지 아니하리라." 야곱은 깨어 "이곳은 하나님의 집이요 하늘의 문이로다"라고 고백하며, 돌을 가져다 기름을 붓고 그곳을 '벧엘'이라 부릅니다.

질문하기

1. 왜 야곱은 브엘세바를 떠나 광야에서 돌을 베개로 삼고 누워 잠을 잤을까? (11절)
2. 왜 하나님은 야곱에게 "내가 너와 함께 있어 네가 어디로 가든지 너를 지키겠다"고 약속하셨을까? (15절)

묵상하기

1. 왜 야곱은 브엘세바를 떠나 광야에서 돌을 베개로 삼고 누워 잠을 잤을까? (11절)

야곱은 형의 분노를 피해 홀로 도망해야 했습니다. 그의 돌베개는 철저한 무능과 외로움의 상징입니다. 그러나 하나님은 바로 그 절망의 자리에서 야곱을 찾아와 만나 주셨습니다.

저에게도 돌을 베개 삼고 누워야 했던 시간이 있었습니다(11절). 급한 일에 목매어 세상에서 성공하고자 악하고 음란하게 살다가 결국 결혼 3년 만에 이혼을 당했습니다. 이후 재결합했지만, 6개월 만에 또다시 헤어졌습니다. 이혼 후 불 꺼진 집에 혼자 들어가기 싫어 평일에는 술집을 전전했고, 주말이면 남성 전용 찜질방에서 나무 베개를 베고 누워 혼자 술을 마시며 신세를 한탄했습니다. 돈과 성과에 몰두하며 겉으로는 성공한 듯 보였지만, 실상은 가정은 무너지고 제 마음은 외롭고 차갑게 식어 있었습니다.

그러나 하나님은 그런 저를 혼자 버려두지 않으셨습니다(13절). 성인이 될 때까지 교회에 한 번도 가 본 적 없던 저를 지인을 통해 교회로 인도하셨습니다. 이후 교회 부부 소그룹 모임에도 참석하게 되었는데 그날 참으로 오랜만에 먹는 집밥과 된장찌개에 마음이 녹아 처음 보는 분들 앞에서 저의 이혼 사실을 고백하게 되었습니다. 그때까지 회사, 친구 심지어 부모님께도 이혼 사실을 꽁꽁 숨기고 있었는데, 제 이야기에 별 신경 안 쓰고 남은 식사를 끝까지 하시는 지체들을 보고, '나 혼자 지옥을 만들어서 살았구나' 깨닫게 되었습니다.

2. 왜 하나님은 야곱에게 "내가 너와 함께 있어 네가 어디로 가든지 너를 지키겠다"고 약속하셨을까? (15절)

하나님은 도망자 신세가 된 야곱에게 나타나셔서 "내가 너의 하나님이다. 내가 너와 함께 있어 네가 어디로 가든지 너를 지키겠다. 땅의 모든 족속이 너와 네 자손으로 말미암아 복을 받을 것이다"라고 약속하십니다. 절망의 밤을 맞은 야곱에게 하나님이 함께하시며 그에게 허락하신 뜻을 이루시겠다는 은혜를 선포하십니다.

처음으로 참석한 소그룹 모임이 끝날 무렵, 모두가 돌아가며 기도하는데 리더분은 저에게도 "간단하게라도 기도를 해 보라"고 권하셨습니다. 그렇게 저는 태어나서 처음으로 기도를 하게 되었습니다. 제 차례가 되어 "하나님 아버지"라고 고백하는 순간 눈물이 쏟아졌습니다. 당시 회사에서 '김독사'로 불릴 만큼 냉정하고 독한 사람이었기에, 저도 제 눈물이 황당하고 놀라웠습니다. 그때 "내가 너와 함께 있어 네가 어디로 가든지 너를 지키겠다"라고 야곱에게 말씀하신 것처럼 저에게도 주님의 음성이 임했습니다(15절).

"상건아, 오래 기다렸단다."

　　결혼과 재결합까지 실패하고, 목적도 없이 방황하던 인생이었는데 하나님은 떠나지 않으시고 저를 찾아와 주셨습니다. 야곱이 잠에서 깨어 "여호와께서 과연 여기 계시거늘 내가 알지 못하였도다"(16절)라고 고백하며 예배를 드린 것처럼, 저도 그날 이후 예배와 양육이 제 인생의 우선순위가 되었습니다. 거짓말쟁이에다 음란한 짐승 같은 인간이었음을 절감하며 회개했습니다. 모든 것이 내 삶의 결론임을 인정하게 되었습니다. 덤으로 사는 인생이기에 저처럼 어려움과 두려움 가운데 있는 분들과 나눔하고 예배드리는 것이 가장 귀한 일이 되었습니다. 물질과 시간을 드려 공동체를 섬길 수 있는 것이 영광이라는 생각이 듭니다. 나무 베개를 베고 신세 한탄하던 절망의 자리를 하나님의 집, 벧엘로 바꾸어 주신 하나님, 감사합니다.

적용하기

- 이혼 위기의 가정을 심방하여 간증하고 함께 기도하는 것을 가장 중요한 일로 두겠습니다.
- 저를 만나 주신 벧엘의 하나님을 기억하며 큐티와 기도로 하루를 시작하겠습니다.

기도하기

주님, 이혼과 거듭된 실패로 무너져 나무 베개를 베고 신세 한탄하던 저를 버리지 않으시고 교회로 불러주셔서 감사합니다. 이제는 저를 만나 주신 벧엘의 하나님을 증거하며, 하루를 말씀과 기도로 시작하는 삶을 살게 하옵소서.

 **돌아보기** Nursing   주제 도서 읽고 나누기

- 『**늘 급한 일로 쫓기는 삶**』(찰스 험멜, IVP)을 읽고, 독후감을 작성해 봅시다.

 **살아내기** Keeping   한 주의 실천 과제와 매일 큐티

- **생활 숙제** 한 주간 시간을 어떻게 보냈는지 시간표를 작성해 보고, 내 삶에서 가지치기해야 할 것은 무엇인지 적어 봅시다.
- **매일 큐티** 매일 큐티를 통해 나 자신과 가정, 공동체를 어떻게 지키고자 했는지 돌아봅시다.

성구 암송과 교리 요약

기도의 의미

35 새벽 아직도 밝기 전에 예수께서 일어나 나가 한적한 곳으로 가사 거기서 기도하시더니 마가복음 1:35

기도란 하나님과의 만남을 최우선 순위에 두고 하나님의 뜻에 내 생각, 의지, 행동을 복종시키는 것입니다.

참된 예배

18 야곱이 아침에 일찍이 일어나 베개로 삼았던 돌을 가져다가 기둥으로 세우고 그 위에 기름을 붓고 창세기 28:18

예배란 내가 전적으로 무능하고 부패한 존재임을 인정하고, 하나님만이 나의 상급이심을 전인격적으로 고백하는 것입니다.

MEMO

큐티는 하나의 프로그램이 아니라
날마다 해야 하는 삶의 과정입니다.

03

큐티

날마다 촉촉이 적셔 주는 이슬비

이사야 6:1-13

03 큐티

날마다 촉촉이 적셔 주는 이슬비 이사야 6:1-13

마음 열기 Telling 마음을 열고 생각을 나누는 시간

- 하루의 자유 시간이 주어진다면 가장 하고 싶은 일은 무엇입니까?
- 주일/수요 설교를 듣고 느낀 점을 나눠 봅시다.

말씀 읽기 Holifying 주님을 만나는 묵상의 시간

큐티(QT)를 통해 날마다 말씀을 조금씩 씹어 먹다 보면 새로운 삶으로 나아가게 됩니다. 말씀을 보면서 생각하는 훈련을 하면 나의 부족함을 발견하고, 하나님의 말씀에 인격적으로 반응하게 됩니다. 그뿐만 아니라 나 자신이 하나님의 은혜가 필요한 존재임을 절감하게 됩니다. 따라서 날마다 큐티를 통해 내 욕심을 하나하나 가지치기해 나가면 내가 얼마나 죄인인지 알게 될 뿐만 아니라 하나님의 뜻을 깨닫게 됩니다. 큐티는 하나의 프로그램이 아니라 날마다 해야 하는 삶의 과정입니다.

1 웃시야 왕이 죽던 해에 내가 본즉 주께서 높이 들린 보좌에 앉으셨는데 그의 옷자락은 성전에 가득하였고 2 스랍들이 모시고 섰는데 각기 여섯 날개가 있어 그 둘로는 자기의 얼굴을 가리었고 그 둘로는 자기의 발을 가리었고 그 둘로는 날며 3 서로 불러 이르되 거룩하다 거룩하다 거룩하다 만군의 여호와여 그의 영광이 온 땅에 충만하도다 하더라 4 이같이 화답하는 자의 소리로 말미암아 문지방의 터가 요동하며 성전에 연기가 충만한지라 5 그 때에 내가 말하되 화로다 나여 망하게 되었도다 나는 입술이 부정한 사람이요 나는 입술이 부정한 백성 중에 거주하면서 만군의 여호와이신 왕을 뵈었음이로다 하였더라 6 그 때에 그 스랍 중의 하나가 부젓가락으로 제단에서 집은 바 핀 숯을 손에 가지고 내게로 날아와서 7 그것을 내 입술에 대며 이르되 보라 이것이 네 입에 닿았으니 네 악이 제하여졌고 네 죄가 사하여졌느니라 하더라 8 내가 또 주의 목소리를 들으니 주께서 이르시되 내가 누구를 보내며 누가 우리를 위하여 갈꼬 하시니 그 때에 내가 이르되 내가 여기 있나이다 나를 보내소서 하였더니 9 여호와께서 이르시되 가서 이 백성에게 이르기를 너희가 듣기는 들어도 깨닫지 못할 것이요 보기는 보아도 알지 못하리라 하여 10 이 백성의 마음을 둔하게 하며 그들의 귀가 막히고 그들의 눈이 감기게 하라 염려하건대 그들이 눈으로 보고 귀로 듣고 마음으로 깨닫고 다시 돌아와 고침을 받을까 하노라 하시기로 11 내가 이르되 주여 어느 때까지니이까 하였더니 주께서 대답하시되 성읍들은 황폐하여 주민이 없으며 가옥들에는 사람이 없고 이 토지는 황폐하게 되며 12 여호와께서 사람들을 멀리 옮기셔서 이 땅 가운데에 황폐한 곳이 많을 때까지니라 13 그 중에 십분의 일이 아직 남아 있을지라도 이것도 황폐하게 될 것이나 밤나무와 상수리나무가 베임을 당하여도 그 그루터기는 남아 있는 것 같이 거룩한 씨가 이 땅의 그루터기니라 하시더라

1. 웃시야 왕은 52년간 유다를 통치하며 유례없는 번영을 주도한 강력한 왕이었습니다. 따라서 그의 죽음은 이스라엘로서는 국가적 위기였습니다. 이런 위기의 때에 성전으로 올라가 엎드린 이사야는 그곳에서 하나님의 임재를 경험합니다. 여전한 방식으로 말씀을 보며 기도하고 회개하는 구조 속에 있었기에 높이 들린 보좌를 보게 된 것입니다. 위기를 기회로 바꾸시는 하나님의 역사입니다. 우리도 삶에 위기가 닥쳤을 때 세상 방법으로 해결하려고 분주히 뛰어다녀선 안 됩니다. 먼저 말씀 앞에 엎드려야 합니다. 그리하면 내 고난보다 높이 들린 보좌에 앉으신 주님의 영광을 보게 될 것입니다. 위기의 때야말로 기회입니다.

2. 스랍들은 여섯 날개 중 둘로는 얼굴을 가리고, 둘로는 발을 가리고, 나머지 둘로는 날고 있습니다(2절). 얼굴을 가린 것은 하나님의 영광을 자기가 취하지 않는다는 의미이고, 발을 가린 것은 내 수고에 대한 생색을 가린 것입니다. 큐티는 단순히 시간을 내서 말씀을 읽고 묵상하는 것이 아닙니다. 날마다 말씀을 통해 내 죄를 발견하고 그 죄를 제하는 것입니다. 나의 모든 이생의 자랑이 부끄러움인 것을 깨닫고, 그것을 가리는 것입니다. 그렇게 내 죄를 씻으면 얼굴과 발을 가리고 남은 두 날개로 날며 얼마든지 사명을 감당할 수 있습니다.

3. 하나님의 영광을 보게 된 이사야는 "나는 입술이 부정한 사람이요" 하며 자신의 죄부터 고백합니다. 하나님의 눈부신 영광이 나를 비추면 내 죄가 보일 수밖에 없습니다. 하나님의 말씀 앞에 내 죄가 낱낱이 드러나기 때문입니다. 이사야가 자신은 입술이 부정한 자라고 고백하자 하나님은 숯불로 이사야의 입술을 깨끗하게 해 주십니다(6-7절). 이처럼 내가 말씀을 통해 먼저 내 죄를 고백하면, 하나님이 그 죄를 사해 주십니다. 죄를 고백할 때 뜨거운 숯이 입에 닿는 고통과 부끄러움이 있지만 이를 통해 새살이 돋듯 죽었던 영혼이 살아납니다. 이렇게 죄

사함받은 경험 없이는 하나님의 사명을 온전히 감당할 수 없습니다. 정죄감이 아니라 '회개'의 마음으로 나아가야 사람을 살리고 가정을 살릴 수 있습니다.

4. 패역한 이스라엘 백성은 십 분의 구가 황폐하게 되어도 말씀을 듣지 않습니다(13절). 그래서 하나님은 남은 십 분의 일까지 황폐하게 될 거라고 하십니다. 말씀도 듣지 않고 내 죄도 모르기에 완전히 망하기까지 그들을 내버려두실 수밖에 없습니다. 그러나 하나님이 징계하시는 목적은 '구원'이기에 거룩한 씨를 그루터기로 남겨 두십니다. 그루터기라도 시냇가에 뿌리를 내리고 있으면 다시 살아나듯, 어떤 황폐한 환경에서도 말씀이 들리면 살아납니다. 거룩한 씨, 예수 그리스도가 이 땅의 그루터기가 되어 우리를 구원의 길로 인도해 주셨습니다. 내 비록 보잘것없는 그루터기일지라도 우리는 이 땅에서 구원을 전하는 '남은 자'로 사명을 감당해야 합니다. 하나님은 반드시 말씀을 이루셔서 우리를 거룩한 씨, 남은 자가 되게 하시고 구원을 얻게 하십니다.

이사야 6:1-13

내게 남겨 주신 그루터기

안효빈

본문 요약

이사야는 웃시야 왕이 죽던 해에 성전에서 하나님의 영광을 봅니다. "화로다 망하게 되었도다 나는 입술이 부정한 사람"이라고 이사야가 고백하자 스랍 중 하나가 핀 숯을 입술에 대며 죄를 사해 줍니다. 하나님은 "백성이 깨닫고 다시 돌아와 고침을 받을까" 염려하십니다. "어느 때까지니이까?"라는 이사야의 질문에 하나님은 "황폐한 곳이 많을 때까지"라고 하시며 "그러나 거룩한 씨가 그루터기로 남아 있으리라"고 하십니다.

질문하기

1. 왜 이사야는 하나님의 영광을 보고 자신이 망하게 되었고, 입술이 부정하다고 했을까? (5절)
2. 왜 하나님은 백성이 깨닫고 다시 돌아와 고침을 받을까 염려하셨을까? (10절)

묵상하기

1. 왜 이사야는 하나님의 영광을 보고 자신이 망하게 되었고, 입술이 부정하다고 했을까? (5절)

이사야는 그동안 의지했던 웃시야 왕이 죽자 비로소 하나님의 임재와 영광을 봅니다. 하나님의 영광을 보면 자신의 죄와 부정함을 깨달을 수밖에 없기에 망하게 되었다고 고백합니다.

저는 요정(料亭)을 하셨던 부모님을 보고 자랐기에 술과 음란을 죄로 여기지 못했습니다. 결혼 후에도 가정을 돌보지 않았고, 술과 도박, 음란에 빠진 저 때문에 힘들어하는 아내를 이해하지 못했습니다. 아내를 따라 주일예배는 드렸지만, 주중에는 여전히 술을 마시고 외박을 했습니다. 사업이 잘되자 더욱 마음이 둔해져 왕처럼 군림했습니다(10절). 결국 아내의 깊은 우울과 아들의 방황으로 가정이 훼파되고 나서야 간절한 마음으로 예배에 나왔습니다.

훌륭한 요셉이 아닌 음란한 유다를 통해 예수님이 오셨다는 말씀을 들으며 제가 유다처럼 느껴졌습니다. 그리고 말씀으로 찾아오신 주님 앞에 내가 망하게 되었고 입술이 부정한 자라고 눈물로 죄를 자복했습니다(5절). 그 후 교회 소그룹 모임에서도 죄를 고백했습니다. 그러자 이사야의 입술에 핀 숯을 대며 죄를 사해 주신 것처럼 주님은 제게도 오랜 중독과 세상 쾌락이 끊어지는 은혜를 주셨습니다.

2. 왜 하나님은 백성이 깨닫고 다시 돌아와 고침을 받을까 염려하셨을까? (10절)

하나님은 이스라엘 백성이 온전히 회개하고 돌아오길 바라셨습니다. 그래서 일시적으로 돌아와 고침을 받을까 염려하십니다. 모든 것이 황폐해지기까지 백성을 버려두시는 것 같지만, 하나님의 징계 목적은 소망을 주시는 것이기에 거룩한 씨를 이 땅의 그루터기로 남겨 주십니다.

이제 깨닫고 돌아와 죄 사함의 은혜를 나누는 사명자로 살게 되었으니 가정의 문제도 금세 회복되리라고 생각했습니다. 그러나 자녀들의 방황은 계속되었습니다. 조기유학을 보낸 딸이 건강 악화로 돌아온 데 이어, 학교에서 친구들의 돈을 빼앗아 징계를 받았습니다. 미국 명문대 진학을 목표로 대안학교에 보낸 아들은 학교 기물을 파손하고 선생님에게 반항해 학교를 그만두게 됐습니다. 이후 아들은 방에 틀어박혀 게임만 했습니다. 자녀를 위한 저의 모든 노력이 베임을 당한 것 같았습니다(13절).

그런데 말씀을 묵상하던 중 자녀들의 방황은 하나님 없이 행복을 꿈꾸며 믿음의 본을 보이지 못한 제 삶의 결론임이 깨달아졌습니다. 하나님을 믿는다고 하면서도 돈을 더 의지하고 제 뜻을 고집했던 죄를 회개하며 하나님 앞에 엎드려 살려 달라고 기도했습니다. 아내와 자녀들에게도 지난날의 잘못을 고백하고 용서를 구했습니다.

이후 부부관계가 회복되었고, 둘째와 15년 터울인 늦둥이 막내딸이 태어났습니다. 이 일로 온 가족이 함께 기뻐하며 감사 예배를 드렸습니다. 그 후 아들은 "아버지가 달라졌다"며 방에서 나와 대학에 진학했습니다. 딸도 학교와 교회에서 성실히 생활하게 되었습니다.

이처럼 주님은 모든 것이 황폐해지는 심판의 사건으로 십자가를 붙들게 하시고, 회복의 길을 열어 주셨습니다. 우리 가정을 버리지 않고 그루터기를 남겨 주신 하나님께 감사드립니다(13절).

적용하기

- 힘든 사건으로 낙심한 지체들을 찾아가 제가 살아난 간증을 전하겠습니다.
- 아내가 과거 이야기를 꺼내도 화내지 않고 잘 듣겠습니다.

기도하기

주님, 고침을 받을까 염려하신다는 말씀이 오히려 고침받고 새 생명 얻기를 원하시는 주님의 사랑임을 깨닫게 해 주셔서 감사합니다. 베임의 사건 속에서도 거룩한 씨인 예수님이 베풀어 주신 십자가 사랑을 기억하며 인내하게 도와주옵소서.

돌아보기 Nursing 주제 도서 읽고 나누기

- 『날마다 큐티하는 여자』(김양재, QTM)를 읽고, 독후감을 작성해 봅시다.

살아내기 Keeping 한 주의 실천 과제와 매일 큐티

- **생활 숙제** 말씀에 순종하는 삶을 살기 위한 실천 방법을 찾아 적용한 후, 느낀 점을 나눠 봅시다.
- **매일 큐티** 매일 큐티를 통해 나 자신과 가정, 공동체를 어떻게 지키고자 했는지 돌아봅시다.

성구 암송과 교리 요약

말씀을 묵상하는 복

1 복 있는 사람은 악인들의 꾀를 따르지 아니하며 죄인들의 길에 서지 아니하며 오만한 자들의 자리에 앉지 아니하고 2 오직 여호와의 율법을 즐거워하여 그의 율법을 주야로 묵상하는도다 시편 1:1-2

그리스도인은 세상의 지혜와 지식이 아닌 오직 말씀 묵상을 통해 하나님과 교제하며, 그분의 인도하심을 받는 것을 즐거워하는 사람입니다.

말씀 묵상의 목적

5 그 때에 내가 말하되 화로다 나여 망하게 되었도다 나는 입술이 부정한 사람이요 나는 입술이 부정한 백성 중에 거주하면서 만군의 여호와이신 왕을 뵈었음이로다 하였더라 이사야 6:5

진정한 말씀 묵상은 하나님의 거룩한 말씀 앞에서 거룩함에 이르지 못하는 나를 보면서 회개하고 탄식하는 것입니다.

MEMO

올바른 기도를 하려면 하나님의 뜻과 생각이 무엇인지 알아야 합니다.

날마다 말씀을 묵상하고, 그 말씀대로 기도하면

하나님이 원하시는 기도를 할 수 있습니다.

04

기도

말씀대로 기도하기

사무엘하 7:18-29

기도

말씀대로 기도하기 사무엘하 7:18-29

 **마음 열기** Telling 마음을 열고 생각을 나누는 시간

- 누군가에게 거절당한 경험이 있습니까? 그때 어떤 기분이 들었습니까?
- 주일/수요 설교를 듣고 느낀 점을 나눠 봅시다.

 **말씀 읽기** Holifying 주님을 만나는 묵상의 시간

기도는 무조건 나의 원함을 채워 달라고 하나님께 아뢰는 것이 아닙니다. 하나님이 먼저 내게 말씀하시면 그 말씀에 답하는 것입니다. 올바른 기도를 하려면 하나님의 뜻과 생각이 무엇인지 알아야 합니다. 날마다 말씀을 묵상하고, 그 말씀대로 기도하면 하나님이 원하시는 기도를 할 수 있습니다. 또한 내 간구대로 상황이 나아지지 않거나 나의 뜻이 꺾여도 하나님의 뜻을 인정하고 감사하면 하나님이 더 큰 축복을 허락해 주십니다.

주제 본문

사무엘하 7:18-29

18 다윗 왕이 여호와 앞에 들어가 앉아서 이르되 주 여호와여 나는 누구이오며 내 집은 무엇이기에 나를 여기까지 이르게 하셨나이까 19 주 여호와여 주께서 이것을 오히려 적게 여기시고 또 종의 집에 있을 먼 장래의 일까지도 말씀하셨나이다 주 여호와여 이것이 사람의 법이니이다 20 주 여호와는 주의 종을 아시오니 다윗이 다시 주께 무슨 말씀을 하오리이까 21 주의 말씀으로 말미암아 주의 뜻대로 이 모든 큰 일을 행하사 주의 종에게 알게 하셨나이다 22 그런즉 주 여호와여 주는 위대하시니 이는 우리 귀로 들은 대로는 주와 같은 이가 없고 주 외에는 신이 없음이니이다 23 땅의 어느 한 나라가 주의 백성 이스라엘과 같으리이까 하나님이 가서 구속하사 자기 백성으로 삼아 주의 명성을 내시며 그들을 위하여 큰 일을, 주의 땅을 위하여 두려운 일을 애굽과 많은 나라들과 그의 신들에게서 구속하신 백성 앞에서 행하셨사오며 24 주께서 주의 백성 이스라엘을 세우사 영원히 주의 백성으로 삼으셨사오니 여호와여 주께서 그들의 하나님이 되셨나이다 25 여호와 하나님이여 이제 주의 종과 종의 집에 대하여 말씀하신 것을 영원히 세우시며 말씀하신 대로 행하사 26 사람이 영원히 주의 이름을 크게 높여 이르기를 만군의 여호와는 이스라엘의 하나님이라 하게 하옵시며 주의 종 다윗의 집이 주 앞에 견고하게 하옵소서 27 만군의 여호와 이스라엘의 하나님이여 주의 종의 귀를 여시고 이르시기를 내가 너를 위하여 집을 세우리라 하셨으므로 주의 종이 이 기도로 주께 간구할 마음이 생겼나이다 28 주 여호와여 오직 주는 하나님이시며 주의 말씀들이 참되시니이다 주께서 이 좋은 것을 주의 종에게 말씀하셨사오니 29 이제 청하건대 종의 집에 복을 주사 주 앞에 영원히 있게 하옵소서 주 여호와께서 말씀하셨사오니 주의 종의 집이 영원히 복을 받게 하옵소서 하니라

1. 다윗이 나단을 통해 하나님께 성전 건축의 뜻을 아뢰지만 하나님은 거절하셨습니다. 오히려 하나님은 다윗에게 "내가 너를 위해 집을 건축하겠고, 네 집과 네 나라가 내 앞에서 영원히 보전되고 네 왕위가 영원히 견고하리라"는 영원한 복을 약속하셨습니다(삼하 7:8-17). 그러자 다윗은 곧장 여호와 앞에 들어가 앉습니다(18절). 감사기도를 드리기 위함이지만 다윗은 먼저 "주 여호와여 나는 누구이오며 내 집은 무엇이기에 나를 여기까지 이르게 하셨나이까?" 하며 자신을 향한 하나님의 뜻을 깨닫고자 묵상합니다. 그리고 말씀에 비추어 자신의 비천함을 인정하고 '나는 하나님의 종'이라고 고백합니다.

2. 다윗은 기도하며 '주 여호와'를 끊임없이 부릅니다. 하나님의 은혜에 크게 감동하기도 했지만 오직 하나님만이 기도의 대상임을 정확히 인식했기 때문입니다. 많은 광야를 지나며 지식이 아닌 경험으로 하나님을 알게 된 다윗입니다. 그 과정에서 하나님과 성숙한 친밀함을 누리게 되었습니다. 그래서 다윗은 힘들 때마다 자연스럽게 '주 여호와'를 떠올리게 되었습니다. 또한 다윗은 이 기도에서 '주의 백성, 이스라엘, 자기 백성, 그들의 하나님'을 언급합니다(23-24절). 이는 곧 그의 기도가 공동체를 위한 이타적인 기도로 바뀌어 감을 의미합니다. 다윗이 열다섯 광야를 통과하면서 이제는 오직 하나님 나라만 생각하게 된 것입니다. 때로 나조차 내 편이 아닌 세상에서 언제나 내 편이 되어 주시는 분은 하나님뿐입니다. 그 하나님을 알아 갈수록 자신을 있는 모습 그대로 인정하는 자존감이 생기고, 하나님 자체를 사랑하게 됩니다. 우리에게 하나님 자체가 상급이 될 때, 자기중심성을 벗어나 하나님 중심으로 공동체를 위한 이타적인 기도를 하게 됩니다.

3. 다윗은 이 기도에서 하나님의 말씀을 여러 차례 언급합니다(25-28절). 하나님께서 "내가 너를 위하여 집을 세우리라" 하신 것은 여호와께서 나를 위해 지어 주시는 내적 성전을 의미합니다(27절). 이 성전은 말씀으로 세워져야 하기에 다윗도 '말씀하신 것을', '말씀하신 대로 행하사', '주의 말씀', '말씀하셨사오니' 하며 기도합니다. 다윗이 기도하며 자기 뜻을 아뢰기보다 먼저 하나님의 말씀에 귀 기울이고 순종한 것처럼, 우리도 내적 성전을 세우기 위해서는 먼저 말씀에 귀를 기울여야 합니다. 내 힘으로는 이타적으로 살 수도, 세상 가치관을 내려놓을 수도 없지만 말씀이 들리면 '주께 간구할 마음'이 생깁니다(27절). 육이 무너지는 만큼 영이 세워지는 것을 깨닫고, 하나님께서 인생 채찍으로 나를 징계하신다 해도 주 앞에 있는 것이 영원히 복받는 것임을 고백하게 됩니다(29절). 날마다 말씀을 보며 말씀대로 기도하면 하나님께서 반드시 내 집을 세워 주실 것입니다.

사무엘하 7:18-29

외도로 받은 영원한 복

최지영

본문 요약

하나님은 다윗에게 성전 건축은 허락하지 않으셨지만, 그 마음은 기쁘게 받으셨습니다. 그리고 다윗의 집을 건축하시고 그의 왕위를 영원히 견고히 하겠다고 약속하십니다. 다윗은 거절의 응답을 듣고 자신의 비천함을 고백하며, 주께서 약속하신 대로 그의 집이 주 앞에서 견고하게 되고, 영원히 복을 받게 해 달라고 간구합니다.

질문하기

1. 왜 다윗은 거절의 응답을 받고 가장 먼저 여호와 앞에 들어가 앉았을까? (18절)
2. 왜 다윗은 주 앞에 영원히 있게 해 달라고 기도했을까? (29절)

묵상하기

1. 왜 다윗은 거절의 응답을 받고 가장 먼저 여호와 앞에 들어가 앉았을까? (18절)

다윗이 여호와 앞에 들어가 앉았다는 것은 완전히 바닥에 엎드린 겸손한 자세를 의미합니다. 그는 말씀을 묵상하며 목동이었던 자신의 비천함을 인정하고, 하나님 앞에서 왕의 모든 권위를 내려놓고 '주의 종'이라고 고백합니다.

　　저는 불신 가정에서 빈농의 셋째 딸로 태어나 존재감 없이 자랐습니다. 오직 나만 사랑해 줄 것 같은 남자를 만나 결혼했지만, 남편은 10년간 실직과 사업 실패, 사기까지 당하며 경제적으로 많은 어려움을 주었습니다. 저는 아픈 몸으로 직장을 다니면서 건강한 남편이 집에 쳐누워 있는 것을 볼 때면, 마치 내 피를 빨아먹는 흡혈귀처럼 느껴졌습니다. 그렇게 이혼을 결심

했을 때, 동료의 전도로 복음을 들었습니다. 내 죄를 위해 죽어 주신 예수님이 믿어졌고, "내가 무엇이길래 비천한 나를 교사가 되게 하시고 구원에 이르게 하셨나이까"(18절) 하는 고백이 절로 나왔습니다. 남편도 구원받아야 할 영혼으로 보이자 싸움을 멈추고 복음을 전할 수 있었습니다.

그러나 구원의 감격을 누린 후에도 말씀대로 살지 못하자 고통스러웠습니다. 그러던 중 구속사의 말씀을 전하시는 목사님의 설교를 듣게 되었고, '저 교회에 가면 나도 말씀대로 믿고 살고 누릴 수 있겠다'는 소망으로 3년 만에 교회에 등록했습니다. 첫 주일예배에서 남편의 무능이 하나님 대신 돈과 남편을 의지한 내 행위대로 갚아 주신 일이고(계 2:23), 내 힘으로 세우려고 했던 성전을 거절하신 하나님의 뜻임이 깨달아졌습니다(21절).

다윗이 여호와 앞에 들어가 앉은 것처럼, 저도 그날 저녁 컴컴한 방에서 텔레비전을 보며 누워 있는 남편 앞에 무릎을 꿇었습니다(18절). "돈 못 벌고 싶어 못 버는 사람이 어디 있겠어요. 내 구원 때문에 당신이 수고했어요. 그동안 얼마나 힘들었어요. 미안하고 고마워요." 제 진심 어린 사과에 남편은 눈물을 흘렸고, 함께 교회에 나가기 시작했습니다.

2. 왜 다윗은 주 앞에 영원히 있게 해 달라고 기도했을까? (29절)

하나님이 다윗을 위해 건축하겠다고 하신 집은 말씀으로 세우시는 내적 성전입니다. 나의 거룩하지 못한 부분을 보면서 애통할 때, 하나님께서 육신의 정욕, 안목의 정욕, 이생의 자랑을 제거해 주시며 내적 성전을 세워 주십니다. 다윗은 주 앞에 영원히 있는 것이 진정한 복임을 알고 간구합니다.

남편이 THINK 양육을 마칠 무렵, 부부 소그룹 모임에서 자신이 10년간 23명의 여자와 외도한 사실을 고백했습니다. 저는 수치심과 배신감으로 가출했지만, "목장에서 오픈한 것은 용서해 줘야 하는 거 아니냐"는 아들의 문자에 정신이 들어 집으로 돌아왔습니다.

그 주 주일예배에서 그동안 남편을 무시한 죄로 찾아온 사건이 나에게 합당하다고 깨달아져 "아멘"이 되었습니다(계 16:6). 이어 수요예배에서는 미갈이 목동이었던 다윗을 업신여긴 것처럼, 교사인 제게도 고아에 중졸인 무능한 남편을 업신여기는 몸에 밴 우월감이 있다는 것이 깨달아졌습니다(삼하 6:16). 비로소 저는 1명의 여자로도 안 되고 23명의 여자를 남편에게 붙여야만 구원될 죄인이라는 사실이 인정되었습니다. 말씀이 들으며 내 죄가 깨달아질 때마다 숨이 쉬어졌기에 다윗이 주 앞에 영원히 있게 해 달라고 간구한 것처럼 저는 남편에게 모든 예배에 데려가 달라고 했습니다(29절).

하지만 남편의 회개에 진정성이 느껴지지 않아 여전히 억울한 마음이 있었습니다. 그런데 얼마 후 교회 수련회에서 눈물로 수치의 간증을 하는 남편을 보며, 그의 구원을 위해서도 있어야 할 일이었다고 인정하게 되었습니다. 이후 하나님의 약속을 붙들고 우리 가정을 세워 주시길 기도할 마음이 생겼고, 남편과의 관계가 회복되는 은혜를 허락해 주셨습니다. 무너질 수밖에 없었던 우리 가정을 말씀으로 새롭게 세워 주시고, 여호와 앞에 영원히 있게 하신 하나님께 감사드립니다.

적용하기

- 배우자의 외도로 힘들어하는 지체들에게 우리 가정을 세워 주신 간증을 나누겠습니다.
- 매일 한 번 목소리를 낮추고 부드러운 말로 남편을 격려하고 칭찬하겠습니다.

기도하기

주님, 남편의 바람 사건을 통해 저의 전적 무능과 전적 부패의 비천함을 알게 하시고, 주님께서 직접 우리 집을 세워 주셔서 감사합니다. 이제 말씀과 공동체에 꼭 붙어 가며 여호와 앞에 영원히 있기 원합니다. 영원히 복을 받게 도와주옵소서. 저의 수치를 나누며 한 영혼을 살리는 사명을 감당할 수 있도록 인도해 주시옵소서.

돌아보기 Nursing 주제 도서 읽고 나누기

- 『**무엇을 기도할까**』(옥한흠, 국제제자훈련원)를 읽고, 독후감을 작성해 봅시다.

살아내기 Keeping 한 주의 실천 과제와 매일 큐티

- **생활 숙제** 내 기도생활의 문제점을 찾아보고, 개선해야 할 점을 나눠 봅시다.
- **매일 큐티** 매일 큐티를 통해 나 자신과 가정, 공동체를 어떻게 지키고자 했는지 돌아봅시다.

성구 암송과 교리 요약

성경적 기도

6 아무 것도 염려하지 말고 다만 모든 일에 기도와 간구로, 너희 구할 것을 감사함으로 하나님께 아뢰라 7 그리하면 모든 지각에 뛰어난 하나님의 평강이 그리스도 예수 안에서 너희 마음과 생각을 지키시리라 빌립보서 4:6-7

기복적인 기도는 성경이 가르치는 기도가 아닙니다. 성경적인 기도는 어떤 환경에서도 완전하신 하나님의 인도하심을 믿고. 그 하나님이 합력하여 선을 이루심을 인정하는 것입니다.

말씀대로 하는 기도

27 만군의 여호와 이스라엘의 하나님이여 주의 종의 귀를 여시고 이르시기를 내가 너를 위하여 집을 세우리라 하셨으므로 주의 종이 이 기도로 주께 간구할 마음이 생겼나이다 사무엘하 7:27

하나님의 마음에 합한 사람은 무엇을 달라고만 기도하지 않습니다. 하나님의 뜻을 구하며 말씀대로 기도합니다.

MEMO

하나님은 100% 옳으신 분이기에 내게 온 어떤 사건도 우연이 아닙니다.

그 속에 우리를 구원하시려는 하나님의 뜻을 깨달아야 합니다.

05

하나님
100% 옳으신 하나님
창세기 50:15-21

하나님

100% 옳으신 하나님 창세기 50:15-21

마음 열기 Telling　마음을 열고 생각을 나누는 시간

- '하나님이 틀리셨다'고 생각한 적이 있습니까?
- 주일/수요 설교를 듣고 느낀 점을 나눠 봅시다.

말씀 읽기 Holifying　주님을 만나는 묵상의 시간

하나님은 오직 한 분, 참 신이기에 어떤 일을 당하더라도 그 사건에서 하나님의 100% 옳으심을 인정할 수 있어야 합니다. 하나님은 100% 옳으신 분이기에 내게 온 어떤 사건도 우연이 아닙니다. 그 속에 우리를 구원하시려는 하나님의 뜻을 깨달아야 합니다. 하나님이 내게 행하신 모든 것은 은혜롭고 자비합니다. 이것을 인정하면 내 속의 슬픈 생각, 천한 생각이 물러갑니다. 절대주권으로 선을 행하시는 하나님의 신실하심 때문입니다.

창세기 50:15-21

15 요셉의 형제들이 그들의 아버지가 죽었음을 보고 말하되 요셉이 혹시 우리를 미워하여 우리가 그에게 행한 모든 악을 다 갚지나 아니할까 하고 16 요셉에게 말을 전하여 이르되 당신의 아버지가 돌아가시기 전에 명령하여 이르시기를 17 너희는 이같이 요셉에게 이르라 네 형들이 네게 악을 행하였을지라도 이제 바라건대 그들의 허물과 죄를 용서하라 하셨나니 당신 아버지의 하나님의 종들인 우리 죄를 이제 용서하소서 하매 요셉이 그들이 그에게 하는 말을 들을 때에 울었더라 18 그의 형들이 또 친히 와서 요셉의 앞에 엎드려 이르되 우리는 당신의 종들이니이다 19 요셉이 그들에게 이르되 두려워하지 마소서 내가 하나님을 대신하리이까 20 당신들은 나를 해하려 하였으나 하나님은 그것을 선으로 바꾸사 오늘과 같이 많은 백성의 생명을 구원하게 하시려 하셨나니 21 당신들은 두려워하지 마소서 내가 당신들과 당신들의 자녀를 기르리이다 하고 그들을 간곡한 말로 위로하였더라

1. 형들은 요셉과 재회한 지 17년이 지났지만, 요셉을 죽이려 하고 상인들에게 팔아넘긴 자신들의 죄를 정식으로 사과하지 않았습니다. 그러다 아버지 야곱이 죽자 형들은 요셉이 보복하지는 않을까 두려워졌습니다. 해결하지 못한 죄의 문제를 어쩔 수 없이 직면해야 했습니다(15절). 하지만 반쪽짜리 사과였습니다. 정작 자신들은 나서지 않고 전령을 보내 "당신의 아버지가 돌아가시기 전에 명령했으니 우리의 허물과 죄를 용서해 달라"고 전합니다(16-17절). 그러나 사람은 용서를 할 수도, 만들 수도, 지을 수도 없습니다. 용서는 하나님의 특권입니다. 100% 옳으신 하나님만이 하실 수 있습니다.

2. 형들의 말을 전해 들은 요셉이 웁니다(17절). 과거에 형들과 화해는 했지만(창 45장), 온전한 화해는 아니었습니다. 자신에게 용서를 구하며 '우리 아버지'가 아니라 '당신의 아버지'라고 하는 형들을 보며 요셉은 생각을 달리하게 됐을 것입니다. '평생 나 때문에 차별받은 형들이 힘들었겠구나. 내 탓이다.' 비로소 깨달아졌을 것입니다. 요셉이나, 형들이나 편애의 피해자요, 가해자입니다. 이 문제는 당사자들 간에 풀 수 없습니다. 그래서 요셉도 자신 앞에 엎드린 형들에게 "나는 형들을 용서할 수 없다, 내가 어떻게 하나님을 대신할 수 있겠는가?" 하고 고백합니다(19절). 내가 누구를 섣불리 용서하려는 것 또한 교만입니다. 서로 진정으로 용서하고 화해하려면 사람과 관계를 회복하기에 앞서 100% 옳으신 하나님과 관계를 회복해야 합니다.

3. 용서의 사전적 의미는 상대의 잘못을 덮어 주는 것입니다. 그런데 요셉은 형들의 잘못을 무조건 덮지 않습니다. 인간적으로 "그래요, 내가 형들을 다 용서합니다" 하지 않습니다. "형들이 나에게 피해 입힌 일도 다 하나님께로부터 온 것입니다. 하나님이 다 선으로 바꾸어 주셨습니다. 우리의 생명을 구원하게 하시

려고요"라고 고백합니다(20절). 요셉의 용서는 구원이 목적입니다. 이것이 진정한 용서입니다. 우리도 누군가가 아무리 미워도 그 한 생명의 구원 때문에 용서해야 합니다. 우리는 100% 죄인이기에 누구를 심판할 자격이 없습니다. 용서의 종결자는 오직 하나님뿐이십니다. 내가 어떤 피해를 입었어도 그렇습니다. 어떤 사건도 우연이 아닙니다. 우리의 구원을 위한 하나님의 뜻이 있습니다. 우리는 전적인 하나님의 주권을 인정해야 합니다(19절). 100% 옳으신 하나님을 신뢰하며 말씀으로 자기 인생을 해석하는 한 사람을 통해 관계가 회복되고 하나님의 구속사가 이어집니다.

창세기 50:15-21

나의 생명을 구원하게 하시려고

황송영

본문 요약

아버지 야곱이 죽은 후 형들은 요셉이 자신들의 악을 갚을까 봐 두려워하며 그에게 용서를 구합니다. 요셉은 하나님이 형들의 악을 선으로 바꾸셔서 많은 백성의 생명을 구원하게 하셨다고 고백합니다. 그리고 형들과 그들의 자녀를 기르겠다며 간곡한 말로 위로합니다.

질문하기

1. 왜 형들은 야곱이 죽자 요셉이 자신들을 미워하여 모든 악을 다 갚을까 봐 두려워했을까? (15절)
2. 왜 요셉은 하나님이 악을 선으로 바꾸셔서 많은 생명을 구원하게 하셨다고 말했을까? (20절)

묵상하기

1. 왜 형들은 야곱이 죽자 요셉이 자신들을 미워하여 모든 악을 다 갚을까 봐 두려워했을까? (15절)

그동안 형들은 아버지 야곱 뒤에 숨어서 과거 요셉을 팔았던 잘못을 직면하지 않았습니다. 하지만 야곱이 죽었으니 이제 요셉이 형들에게 복수할 수 있다는 생각에 두려워졌습니다. 형들은 요셉에게 아버지의 유언을 전하며 그 앞에 엎드려 자신들의 죄를 용서해 달라고 합니다.

　제 아들은 발달장애 자폐아입니다. 세 살이 되어도 눈도 못 마주치고 말도 못 하던 아들은 다섯 살 때 자폐적 성향을 진단받았습니다. 저는 열심히 치료받으면 아들이 회복될 거라 믿으며 최선을 다했지만, 아들의 상태는 더 나빠졌고 학교 다니는 것도 어려워졌습니다.

　제 힘으로 아무것도 할 수 없는 상황이 되어서야 저는 오랫동안 떠나 있던 주님이 생각났

습니다. 그리고 하나님이 저를 미워해서 저의 악을 아들의 장애로 갚으시는 건 아닐까 두려웠
습니다(15절). 다시 교회에 나가 주님 앞에 엎드려 "하나님의 자녀였던 저를 기억하시고, 저의
죄와 허물을 용서해 달라"고 기도했습니다(16절).

2. 왜 요셉은 하나님이 악을 선으로 바꾸셔서 많은 생명을 구원하게 하셨다고 말했을까? (20절)

요셉은 자신을 두려워하는 형들을 보며 웁니다. 자기만 피해자가 아니라 오랜 세월 아버지
의 편애 때문에 소외되었던 형들도 피해자이고, 재회 후 베냐민을 특별 대우한 자신도 형들
에게 가해자임을 깨닫습니다. 그러나 요셉은 자신이 형들을 용서할 수 없음을 알기에 진정
한 용서를 하실 수 있는 하나님께 이 문제를 가져갑니다. 그리고 "형들이 자신을 해하려 했
던 일을 하나님께서 선으로 바꾸어 많은 생명을 구원하게 하셨다"고 고백합니다. 100% 옳
으신 하나님이심을 깨닫고 형들을 진심으로 용서하고 위로한 것입니다.

초등학교에 입학한 아들은 수업 중 자주 교실 밖으로 나오고 뛰어다녔습니다. 산만한 아
들 때문에 수업에 방해가 된다는 항의를 받을까 봐 저는 매일 복도에서 아들을 지켰습니다.
그렇게 열심을 냈지만 6학년 때 만난 담임선생님의 우울과 아들의 자폐적 성향이 충돌해 교
실은 전쟁터가 되었고, 결국 아들은 학교를 그만둬야 했습니다.

저는 아들에 대한 걱정과 아무것도 해 줄 수 없는 무능함에 다시 주님 앞에 엎드려 기도
했습니다(18절). 요셉이 형들과의 갈등을 하나님 앞으로 가져간 것처럼 주님은 저를 말씀이
있는 공동체로 인도하셨습니다. 말씀을 들으며 하나님을 대신해 아들의 장애를 고치려고 했
던 저의 교만을 깨달았습니다(19절). 그리고 공동체에서 아들의 문제를 구체적으로 나누며
조금씩 아들을 내려놓을 수 있었습니다. 그동안 아들의 치료와 양육에 무관심한 남편은 가
해자, 나는 피해자라고만 생각했는데, 저 또한 장애 아들을 편애하며 남편과 작은아들에게
무관심한 가해자라는 것도 깨닫게 하셔서 가족들과 진정한 화해도 하게 되었습니다.

저는 아들의 장애를 죄의 심판으로 여기며 두려워했지만, 주님은 아들을 축복의 통로로

사용하셔서 온 가족의 구원을 이루어 주셨습니다. 이제는 악한 일도 선으로 바꾸사 생명을 구원하게 하신 100% 옳으신 하나님을 전하며 살아가길 소망합니다(20절).

적용하기

- 장애 자녀를 걱정하는 지체들에게 제 간증을 나누며 주님의 사랑과 위로를 전하겠습니다.
- 형으로 인해 상처가 있는 작은아들을 세심하게 살피고, 좋아하는 음식을 해 주겠습니다.

기도하기

주님, 우리 가정에 장애 아들을 주셔서 생명을 구원하게 하신 주님의 뜻을 깨닫게 해 주시니 감사합니다. 이제는 제게 주신 약재료로 감당할 수 없는 일로 두려워하는 지체들에게 100% 옳으신 하나님을 전하며 위로하기 원합니다. 맡기신 사명을 끝까지 감당할 수 있도록 도와 주시옵소서.

돌아·보기 Nursing 주제 도서 읽고 나누기

- 『**돌탕집탕**』(김양재, 두란노)을 읽고, 독후감을 작성해 봅시다.

살아내기 Keeping 한 주의 실천 과제와 매일 큐티

- **생활 숙제** 예배, 가정, 사회생활에서 변화된 부분과 죄에 대한 민감함에서 달라진 점은 무엇인지 나눠 봅시다.
- **매일 큐티** 매일 큐티를 통해 나 자신과 가정, 공동체를 어떻게 지키고자 했는지 돌아봅시다.

성구 암송과 교리 요약

하나님의 주권

36a 이는 만물이 주에게서 나오고 주로 말미암고 주에게로 돌아감이라 로마서 11:36a

이 세상의 시작과 끝은 하나님이 주관하십니다. 영원하신 하나님의 다스림은 미쁘시며 언제나 옳으십니다.

하나님의 구속사

20 당신들은 나를 해하려 하였으나 하나님은 그것을 선으로 바꾸사 오늘과 같이 많은 백성의 생명을 구원하게 하시려 하셨나니 창세기 50:20

하나님의 구원 역사(구속사)는 나의 상상과 이해를 뛰어넘습니다. 구속사의 최종 목적은 언제나 우리의 구원에 맞춰져 있습니다.

MEMO

예수님의 십자가는 나를 향한 하나님의

가장 극적인 사랑의 징표입니다.

06

예수 그리스도

영혼 구원을 위한 십자가

요한복음 19:17-30

예수 그리스도

영혼 구원을 위한 십자가 요한복음 19:17-30

마음 열기 Telling　마음을 열고 생각을 나누는 시간

- 내게 가장 부담스럽고 무겁게 느껴지는 것은 무엇입니까?
- 주일/수요 설교를 듣고 느낀 점을 나눠 봅시다.

말씀 읽기 Holifying　주님을 만나는 묵상의 시간

예수님의 십자가는 나를 향한 하나님의 가장 극적인 사랑의 징표입니다. 이 의미를 알면, 십자가 사건이 단순히 예수님의 죽음만을 나타내는 것이 아니라 나의 구원을 위해 반드시 있어야 할 사건임이 깨달아집니다. 내 죄가 얼마나 참혹한지 발견하게 되고, 그 십자가로 인해 하나님을 진정으로 사랑하고 기꺼이 말씀에 순종하게 됩니다. 내 삶과 인격이 변화됩니다. 주님처럼 내 죄패를 붙이고 십자가를 길로 놓고 갈 때, 나의 고난과 죄까지도 약재료가 되어 많은 생명을 살리게 될 것입니다.

요한복음 19:17-30

17 그들이 예수를 맡으매 예수께서 자기의 십자가를 지시고 해골(히브리 말로 골고다)이라 하는 곳에 나가시니 18 그들이 거기서 예수를 십자가에 못 박을새 다른 두 사람도 그와 함께 좌우편에 못 박으니 예수는 가운데 있더라 19 빌라도가 패를 써서 십자가 위에 붙이니 나사렛 예수 유대인의 왕이라 기록되었더라 20 예수께서 못 박히신 곳이 성에서 가까운 고로 많은 유대인이 이 패를 읽는데 히브리와 로마와 헬라 말로 기록되었더라 21 유대인의 대제사장들이 빌라도에게 이르되 유대인의 왕이라 쓰지 말고 자칭 유대인의 왕이라 쓰라 하니 22 빌라도가 대답하되 내가 쓸 것을 썼다 하니라 23 군인들이 예수를 십자가에 못 박고 그의 옷을 취하여 네 깃에 나눠 각각 한 깃씩 얻고 속옷도 취하니 이 속옷은 호지 아니하고 위에서부터 통으로 짠 것이라 24 군인들이 서로 말하되 이것을 찢지 말고 누가 얻나 제비 뽑자 하니 이는 성경에 그들이 내 옷을 나누고 내 옷을 제비 뽑나이다 한 것을 응하게 하려 함이러라 군인들은 이런 일을 하고 25 예수의 십자가 곁에는 그 어머니와 이모와 글로바의 아내 마리아와 막달라 마리아가 섰는지라 26 예수께서 자기의 어머니와 사랑하시는 제자가 곁에 서 있는 것을 보시고 자기 어머니께 말씀하시되 여자여 보소서 아들이니이다 하시고 27 또 그 제자에게 이르시되 보라 네 어머니라 하신대 그 때부터 그 제자가 자기 집에 모시니라 28 그 후에 예수께서 모든 일이 이미 이루어진 줄 아시고 성경을 응하게 하려 하사 이르시되 내가 목마르다 하시니 29 거기 신 포도주가 가득히 담긴 그릇이 있는지라 사람들이 신 포도주를 적신 해면을 우슬초에 매어 예수의 입에 대니 30 예수께서 신 포도주를 받으신 후에 이르시되 다 이루었다 하시고 머리를 숙이니 영혼이 떠나가시니라

1. 예수님은 우리의 구원을 위해 자발적으로 '자기의 십자가'를 지고 해골이란 뜻의 '골고다'까지 나가십니다(17절). 주님은 십자가에서 내려올 수 있는 능력이 있으셨지만 죽기까지 십자가를 피하지 않으셨습니다. 십자가를 '거의 다 졌다'는 건 없습니다. 십자가는 해골, 곧 완전히 죽을 때까지 지는 것입니다. 우리 인생에 어떤 문제가 와도 그렇습니다. 내 능력으로 빨리 벗어나려고 몸부림치지 않고, 하나님의 뜻이 깨달아질 때까지 말씀을 붙들고 씨름하며 말씀대로 적용하는 것이 '죽기까지 자기 십자가를 지는' 자세입니다. 우리가 주님의 십자가 사랑으로 구원받았다면, 자기를 부인하고 자기 십자가를 지고 주님을 따라야 합니다. 자기 부인은 사람들 앞에서 주님을 시인하며 나의 죄와 누추함을 고백하는 것입니다.

2. 예수님이 '나사렛 예수 유대인의 왕'이라는 죄패를 붙이고 십자가에 못 박히신 것처럼, 우리도 내 죄패를 붙이고, 내 죄를 고백하며 내 십자가에 잘 달려 있어야 합니다(19절). 하지만 그리해도 알아주는 사람이 없다는 것도 알고 가야 합니다. 십자가에 달리신 예수님 곁에도 제자들은 다 도망가고, 강도들만 있습니다. 군인들은 예수님의 옷을 나누며 부수입을 챙기고, 구경하는 사람들은 "네가 만일 하나님의 아들이면 자기를 구원하고 십자가에서 내려오라"(마 27:40)며 조롱합니다. 그러나 예수님은 그들에게 아무런 말씀도 하지 않으십니다. 사람에게는 기대할 것이 없기 때문입니다. 십자가를 길로 놓고 가는 자에게도 이처럼 수치와 조롱이 따릅니다. 그럼에도 내 죄를 고백하며 마지막까지 회개의 모습을 보이고 갈 때, 많은 사람을 주께로 인도하게 될 것입니다.

3. 고개를 숙인 채 영혼이 떠나가시기까지 십자가에 못 박히신 주님이 우리에게
   보여 주신 모습은 오직 '성경을 응하게 하려 하사'입니다(28절). 군인들이 예수님
   의 옷을 나누며 제비 뽑은 것도, "내가 목마르다" 하신 것도 오직 말씀대로 행하
   신 것입니다(24, 28절). 우리도 언젠가는 이 땅을 떠나는 날이 옵니다. 그날에 "다
   이루었다"라는 고백을 하려면 우리도 예수님처럼 영혼 구원에 목마르고, 성경
   을 응하게 하는 것에 목이 말라야 합니다. 영혼 구원을 위한 자기의 사명을 정확
   히 알고, 말씀대로 십자가를 길로 놓고 가야 합니다.

요한복음 19:17-30

보라 네 남편이라

최종옥

본문 요약

예수님은 '나사렛 예수 유대인의 왕'이라는 죄패를 붙이고, 십자가에 못 박히십니다. 예수님을 못 박은 군인들은 십자가 아래에서 옷을 나누고, 속옷도 제비 뽑아 취합니다. 예수님은 어머니를 사랑하는 제자에게 부탁하신 후 "다 이루었다" 하시며 영혼이 떠나가십니다.

질문하기

1. 왜 군인들은 예수님의 속옷을 누가 얻나 제비 뽑자고 했을까? (24절)
2. 왜 예수님은 "보라 네 어머니라"고 하시며 어머니를 사랑하는 제자에게 부탁하셨을까? (27절)

묵상하기

1. 왜 군인들은 예수님의 속옷을 누가 얻나 제비 뽑자고 했을까? (24절)

예수님은 온 인류의 죄를 지고 십자가에 못 박히셨습니다. 그러나 로마 군인들은 구원에 관심이 없었기에 예수님의 겉옷을 나누고, 속옷을 제비 뽑으며 눈앞의 이익만 탐합니다. 그러나 이 또한 성경을 응하게 하는 일이었습니다.

청년 시절, 저는 뜨겁게 주님을 만났고 주를 위해서 죽을 수도 있다고 외쳤습니다. 그러나 어린 시절 가난으로 무시당하며 쌓인 상처가 해석되지 않았기에 저의 열정은 영적 야망으로 변해 갔습니다. 그렇게 저는 목회자와 결혼해 사모가 되었습니다. 교회에서는 '천사 사모님' 소리를 들을 만큼 가면을 썼고, 집에서는 자녀들을 학대하고 남편을 증오하며 악마 같은 모습으로 살았습니다.

그러던 어느 날 남편이 쓰러졌고, 저는 남편을 대신해 생계를 책임져야 했습니다. 저를 위해 십자가에 달리신 주님은 보이지 않았고, 또다시 내 힘으로 살아내야 하는 현실만 보여 자괴감이 들었습니다. 저는 예수님의 십자가 아래서 구원과 상관없이 속옷을 제비 뽑는 군인들처럼 먹고사는 일에 몰두했습니다(24절). 그러나 얼마 후, 저는 암에 걸렸고, 남편도 신장 투석을 시작하며 같은 병원에 나란히 입원하는 해 달 별이 떨어지는 사건이 왔습니다. 이 또한 성경을 응하게 하는 일인 줄 몰랐기에 계속되는 가정의 고난 속에서 둘째 딸과 막내딸은 교회를 떠났습니다(24절).

2. 왜 예수님은 "보라 네 어머니라"고 하시며 어머니를 사랑하는 제자에게 부탁하셨을까? (27절)

십자가에 달리신 예수님은 자신의 어머니를 제자 요한에게 부탁하십니다. 육신의 가족이 아닌 제자에게 "보라 네 어머니라"고 하신 것은 이제 하나님 나라에 속한 부모와 자식으로 살아가라는 의미입니다. 요한도 주님 안에서 가족의 개념이 달라졌기에 그때부터 마리아를 자기 집에 모십니다.

저는 암 투병을 거쳐 십여 년 만에 건강을 회복했지만, 남편은 신장 투석과 합병증으로 점점 쇠약해졌습니다. 제가 육체노동을 하며 힘겹게 생계를 이어 가던 어느 날, 남편이 다단계로 큰돈을 잃었다는 사실을 알게 되었습니다. 저는 이성을 잃고 남편에게 온갖 포악한 말과 행동을 퍼붓고, 결국 집까지 나왔습니다.

다음 날 퇴근길, 주차장 맞은편에서 어떤 할아버지가 지팡이를 짚고 벗어든 외투를 바닥에 끌며, 떨어지지 않는 다리를 힘겹게 옮겨 저를 향해 걸어오는 모습이 보였습니다. 남편이었습니다. 그 순간 비틀거리며 다가오는 남편이 십자가 앞으로 나아가는 제 모습처럼 느껴졌습니다. 남편을 무섭게 정죄했지만, 초라한 나사렛 출신 예수는 나의 왕이 될 수 없다고 모질게 거절하며 십자가에 못 박은 사람은 바로 저였습니다. 가족은 구원 때문에 묶어 주셨다고 했는데 저는 남편이 나를 힘들게 한다고 무시하고 미워했습니다. '누가 누구를 용서한단

말인가!' 말도 안 되는 제 모습이 깨달아져 회개가 되었습니다.

주님은 고통 가운데 있는 남편을 "보라 네 남편이라" 하시며 제게 부탁하십니다(27절). 십자가에 매달려 아픈 남편을 섬기고, 영혼 구원에 애통하며 가는 것이 제 사명이라고 하십니다. 이 사명을 감당하며 하나님 나라의 가족으로 살아갈 때, 지금은 교회를 떠나있는 두 딸의 구원도 이루어질 것을 믿습니다.

적용하기

- 종일 혼자 있는 남편에게 퇴근 후 따뜻한 스킨십을 하겠습니다.
- 제게 부탁하신 가족과 소그룹 지체들에게 일주일에 2번 이상 큐티한 내용을 나누겠습니다.

기도하기

십자가 아래에서 속옷을 제비 뽑는 군인들처럼 썩어질 것만 구하던 저를, 구속사를 써 내려가는 인생이 되게 해 주셔서 감사합니다. 힘든 질병의 옥에 갇혀 저의 구원을 위해 수고하는 남편을 불쌍히 여겨 주옵소서. 이제는 눈앞의 이익만 구하는 패역한 모습을 버리고, 영혼 구원을 위해 제게 맡겨 주신 자리에서 끝까지 내려오지 않도록 지켜 주시옵소서.

 **돌아보기** Nursing 주제 도서 읽고 나누기

- 『**여수가 선택한 십자가**』(맥스 루케이도, RHK)를 읽고, 독후감을 작성해 봅시다.

 **살아-내기** Keeping 한 주의 실천 과제와 매일 큐티

- **생활 숙제** 내가 져야 할 십자가와 자랑해야 할 죄패는 무엇인지 나눠 봅시다.
- **매일 큐티** 매일 큐티를 통해 나 자신과 가정, 공동체를 어떻게 지키고자 했는지 돌아봅시다.

성구 암송과 교리 요약

그리스도의 십자가

8 우리가 아직 죄인 되었을 때에 그리스도께서 우리를 위하여 죽으심으로 하나님께서 우리에 대한 자기의 사랑을 확증하셨느니라 로마서 5:8

우리를 향한 하나님의 구원 사역은 예수 그리스도로 완성되었으며, 모든 죄인은 예수 그리스도를 통해 담대히 하나님의 보좌 앞으로 나아갈 길을 얻게 되었습니다.

하나님의 구원 계획

28 그 후에 예수께서 모든 일이 이미 이루어진 줄 아시고 성경을 응하게 하려 하사 이르시되 내가 목마르다 하시니 요한복음 19:28

예수님의 십자가와 부활 사건은 하루아침에 일어난 일이 아닙니다. 태초부터 예정된 하나님의 구원 계획입니다.

MEMO

고난이 주제가 되고 성경이 교과서가 되며 성령이 스승 될 때

우리는 예수님을 닮아 가게 됩니다.

성령 충만함으로 성령의 열매를 맺게 됩니다.

07

성령님

갈등 충만은 성령 충만

사도행전 7:54-60

성령님

갈등 충만은 성령 충만 사도행전 7:54-60

마음 열기 Telling　마음을 열고 생각을 나누는 시간

- 성령 충만이 무엇이라고 생각합니까?
- 주일/수요 설교를 듣고 느낀 점을 나눠 봅시다.

말씀 읽기 Holifying　주님을 만나는 묵상의 시간

예수님은 승천하시면서 우리를 고아같이 버려두지 않으시고 보혜사 성령님을 보내 주셨습니다. 성령님은 삼위 하나님 가운데 한 분으로 우리의 연약함을 도우십니다. 성령 충만의 비결은 말씀을 듣고 삶에 적용하는 것이며 그 증거는 일상생활에서 나타나는 거룩과 순종에서 찾을 수 있습니다. 고난이 주제가 되고 성경이 교과서가 되며 성령이 스승이 될 때 우리는 예수님을 닮아 가게 됩니다. 성령 충만함으로 성령의 열매를 맺게 됩니다.

주제 본문

사도행전 7:54-60

---

54 그들이 이 말을 듣고 마음에 찔려 그를 향하여 이를 갈거늘 55 스데반이 성령 충만하여 하늘을 우러러 주목하여 하나님의 영광과 및 예수께서 하나님 우편에 서신 것을 보고 56 말하되 보라 하늘이 열리고 인자가 하나님 우편에 서신 것을 보노라 한대 57 그들이 큰 소리를 지르며 귀를 막고 일제히 그에게 달려들어 58 성 밖으로 내치고 돌로 칠새 증인들이 옷을 벗어 사울이라 하는 청년의 발 앞에 두니라 59 그들이 돌로 스데반을 치니 스데반이 부르짖어 이르되 주 예수여 내 영혼을 받으시옵소서 하고 60 무릎을 꿇고 크게 불러 이르되 주여 이 죄를 그들에게 돌리지 마옵소서 이 말을 하고 자니라

1. 스데반은 유대 역사를 구속사로 설교한 뒤, 유대인들의 죄를 지적했습니다(행 7:2-53). 그의 말을 듣고 유대인들은 마음에 찔려 스데반을 향해 이를 갑니다(54절). 우리도 성령을 거스르고 말씀을 받고도 지키지 않으면(행 7:51-53), 죄를 지적받을 때마다 시험에 들고 혈기가 납니다. 반면에 성령 충만한 스데반은 유대인들이 자신을 증오해도 그들을 원망하거나 탓하지 않습니다. 오직 하늘을 우러러 주목합니다(55절). 말씀을 많이 안다고 해서 성령 충만해지는 것은 아닙니다. 말씀대로 믿고 살고 누려야 성령 충만해집니다. 성령님께서 그 삶에 성령의 열매를 풍성히 맺어 주십니다.

2. 성령 충만한 스데반은 하늘이 열리고 하나님의 영광과 예수께서 하나님 우편에 서신 것을 봅니다(56절). 고난당하는 스데반을 예수께서 친히 서서 영접해 주십니다. 스데반은 충만한 하늘의 영광을 보았기에 두려움 없이 순교할 수 있었습니다. 순교도 내 힘으로는 못합니다. 오직 성령 충만해야 환경을 바라보지 않고, 그 순간을 이길 수 있습니다.

3. 스데반이 창세기부터 성경을 구속사로 꿰어 말씀을 전했지만, 율법 박사인 사울은 아직 때가 안 되어 말씀이 들리지 않습니다. 최고의 율법 지식을 가졌지만 자기 죄를 모르기에 스데반을 죽이는 데 적극적으로 동참합니다(58절). 이처럼 성령이 내 안에 없으면 말씀을 들어도 내 죄를 깨닫지 못합니다. 반면에 말씀을 구속사로 읽고 성령 충만한 스데반은 마지막 순간까지 "주여, 이 죄를 그들에게 돌리지 마옵소서"라고 외칩니다. 그리고 마치 잠자는 것처럼 평안히 순교합니다(60절). 예수님처럼 자기를 죽이는 자들을 끝까지 용서하고 중보한 것입니다. 말세의 순교는 거창하게 죽는 것이 아닙니다. 어떤 억울한 상황에도 혈기 내지 않는 것입니다. 아무리 억울한 일을 당해도 우리는 말씀을 보며 하늘을 우러러

주목해야 합니다. 그럴 때 성령님이 지혜를 주시고, 인자이신 예수께서 하나님 우편에서 우리를 위해 중보하십니다. 성령 충만하여 승리하게 하십니다.

사도행전 7:54-60

이를 갈며 돌로 칠새

진교승

본문 요약

스데반은 성경을 구속사로 설교한 뒤, 유대인들의 죄를 지적합니다. 그들은 마음에 찔려 이를 갈고, 귀를 막은 채 스데반에게 달려들어 돌로 칩니다. 그러나 스데반은 성령이 충만하여 하늘을 우러러 인자가 하나님 우편에 서신 것을 봅니다. 그는 "이 죄를 그들에게 돌리지 마옵소서"라고 기도하며 자는 듯 순교합니다.

질문하기

1. 왜 유대인들은 스데반의 말을 듣고 마음에 찔려 이를 갈고 돌로 쳤을까? (54, 58절)
2. 왜 스데반은 "이 죄를 그들에게 돌리지 마옵소서"라고 기도했을까? (60절)

묵상하기

1. 왜 유대인들은 스데반의 말을 듣고 마음에 찔려 이를 갈고 돌로 쳤을까? (54, 58절)

유대인들은 율법을 의지하며 스스로 의롭게 여겼습니다. 그러나 마음과 귀에 할례받지 못했기에 말씀을 들어도 죄를 깨닫지 못했고, 성령을 거슬렀습니다. 스데반이 그들의 죄를 지적하자 마음에 찔렸지만 인정하지 않고, 오히려 그를 향해 이를 갈고 돌로 치며 강하게 부정합니다.

저는 2남 7녀 중 늦둥이 막내아들로 태어났습니다. 어머니는 저를 특별히 사랑해 주셨지만, 하나님을 모르셨기에 세상 성공만 바라시며 저를 우상 삼으셨습니다. 그 기대에 부응하듯 방송국에 입사했고, 저를 더 높이 올려 줄 것 같은 아내를 만나 결혼했습니다. 그러나 자기애적 성향이 강했던 저는 가족도 성공을 위한 도구처럼 여겼습니다. 아내와 아이들에게 폭언과 냉대를 일삼으며 집안 분위기를 공포로 만들었습니다.

결혼 후 교회를 나가지 않던 아내는 고된 시집살이와 폭군 같은 저로 인해 힘들어지자 반대를 무릅쓰고 다시 교회에 나갔습니다. 그리고 구속사의 말씀을 들으며 점차 살아났습니다. 저는 여전히 가족에게 분노의 돌을 던졌지만(58절), 아내는 자기의 힘든 마음을 조심스럽게 표현하면서도 저를 자극하지 않고 지혜롭게 섬겨 주었습니다. 그런 아내의 모습에 저도 조금씩 마음이 열렸고, 사춘기 아들의 방황을 계기로 함께 교회에 다니게 되었습니다.

처음엔 아들 단속이 목적이었기에 예배 시간 내내 졸기만 했습니다. 그러던 어느 날, 유아 세례식을 보게 되었습니다. 단상에 올라온 부모들이 성도들 앞에서 "하나님이 맡겨 주신 아이를 말씀으로 양육하겠습니다"라고 큰소리로 고백하는데 그 순간, 성령님께서 저를 찾아오셨습니다. 그동안 제 기준에 미치지 못한다고 가족에게 혈기 부리고 돌로 치며 상처를 준 제 죄가 깨달아졌습니다(55, 58절). 방황하는 아들도, 저를 두려워하는 딸도, 아내의 긴장된 태도도 모두 하나님을 모른 채 제 뜻대로 살아온 결과였습니다. 그 자리에서 저는 많은 눈물을 흘리며 깊이 회개했고, 비로소 제 손에 쥐고 있던 돌을 내려놓을 수 있었습니다.

2. 왜 스데반은 "이 죄를 그들에게 돌리지 마옵소서"라고 기도했을까? (60절)

스데반은 성령이 충만하여 하늘이 열리고 인자가 하나님 우편에 서신 것을 보며 순교의 영광을 확신합니다. 그리고 죽음을 두려워하지 않고, "주여, 이 죄를 그들에게 돌리지 마옵소서"라고 기도하며 순교합니다. 이 기도는 훗날 사울이 바울로 변화되는 것으로 응답됩니다.

저는 가족을 기다려 주지 않고 불같이 화를 내곤 했습니다. 자녀가 공포를 느낄 만큼 공부에 대해 압박했고, 집안일이 마음에 안 든다고 아내를 무시했습니다. 그러나 아내는 이미 말씀으로 삶을 해석받으며 하늘의 영광을 보고 있었기에 저의 혈기를 반대의 영으로 감당해 주었습니다(56절). 아내는 스데반처럼 제가 이 땅에서 회개하고 돌아오기를 간절히 바라며 저를 위해 무릎 꿇고 기도해 주었습니다(60절). 주님은 그 기도를 들으시고 사울처럼 가족을 핍박하던 저를 찾아와 주셨고, 교회 공동체에서 양육받으며 제 죄를 보게 하셨습니다. 남 탓 하던 삶을 회개하며 "내 탓입니다" 고백하니 저에게도 말씀의 평강이 임했습니다.

이제는 오랜 시간 저를 견뎌 준 가족의 아픔과 기도를 기억하며, 스데반처럼 순교하는 삶을 살기 원합니다. 주신 사명을 감당하고 갈 때, 자녀들도 온전히 주께 돌아와 복음의 증인이 되게 하실 것을 믿습니다.

적용하기

- 제 야망으로 고통받은 자녀들을 위해 날마다 기도하겠습니다.
- 아내의 말을 "그만하라"고 끊지 않고 끝까지 귀 기울여 듣겠습니다.

기도하기

주님, 주님을 모른 채 가족을 불안과 두려움의 옥에 가두고 핍박한 죄를 회개합니다. 이제는 마음이 찔릴 때마다 이를 갈지 않고, 하늘을 우러러보며 순종하기 원합니다. 성령 충만은 말씀 충만이라고 하셨사오니, 매일 말씀을 묵상하며 어떤 상황에도 혈기 내지 않는 이 시대의 순교를 할 수 있게 도와주옵소서. 스데반처럼 마지막까지 영혼 구원을 위해 중보하며 사명을 감당할 수 있도록 도와주옵소서.

 **돌아보기** Nursing 주제 도서 읽고 나누기

- 『**내 인생 최고의 선택**』(김양재, QTM)을 읽고, 독후감을 작성해 봅시다.

 **살아내기** Keeping 한 주의 실천 과제와 매일 큐티

- **생활 숙제** 나를 힘들게 한 갈등 충만의 상황을 말씀의 충만함으로 이겨 낸 경험
을 나눠 봅시다.

- **매일 큐티** 매일 큐티를 통해 나 자신과 가정, 공동체를 어떻게 지키고자 했는지
돌아봅시다.

성구 암송과 교리 요약

성령의 열매

22 오직 성령의 열매는 사랑과 희락과 화평과 오래 참음과 자비와 양선과 충성과 23 온유와 절제니 이같은 것을 금지할 법이 없느니라 갈라디아서 5:22-23

예수 그리스도를 영접하고 성령님이 내주하시는 거듭난 그리스도인은 성령께서 주시는 아홉 가지 열매를 맺게 됩니다.

성령 충만

55 스데반이 성령 충만하여 하늘을 우러러 주목하여 하나님의 영광과 및 예수께서 하나님 우편에 서신 것을 보고 사도행전 7:55

스데반은 신구약 성경을 관통하는 설교를 한 뒤 성령 충만한 모습으로 순교의 길을 갑니다. 성령 충만에는 어떤 핍박도 감내할 수 있는 능력이 있습니다.

MEMO

거듭남은 예수님을 마음으로 믿고 입으로 시인해 영접함으로

하나님의 자녀로 새롭게 태어나는 것입니다.

08

거듭남

절대 죄인

로마서 3:9-20

08 거듭남

마음 열기 Telling 마음을 열고 생각을 나누는 시간

- 자신이 정말 100% 죄인이라고 생각합니까?
- 주일/수요 설교를 듣고 느낀 점을 나눠 봅시다.

말씀 읽기 Holifying 주님을 만나는 묵상의 시간

거듭남은 예수님을 마음으로 믿고 입으로 시인해 영접함으로 하나님의 자녀로 새롭게 태어나는 것입니다. 거듭난다는 것은 이전의 죄악이 가득한 삶에서 영적으로, 또 육적으로 돌이키는 진정한 회개를 의미합니다. 전적으로 부패한 우리는 거듭남으로 하나님을 믿으며 예수를 그리스도로 고백하는 신앙으로 나아가게 됩니다. 날마다 말씀으로 나의 죄를 보고 내 수치와 연약함을 깨닫고 회개할 때, 영혼 구원을 위한 믿음의 역사, 사랑의 수고, 소망의 인내를 이루게 됩니다.

주제 본문

로마서 3:9-20

9 그러면 어떠하냐 우리는 나으냐 결코 아니라 유대인이나 헬라인이나 다 죄 아래에 있다고 우리가 이미 선언하였느니라 10 기록된 바 의인은 없나니 하나도 없으며 11 깨닫는 자도 없고 하나님을 찾는 자도 없고 12 다 치우쳐 함께 무익하게 되고 선을 행하는 자는 없나니 하나도 없도다 13 그들의 목구멍은 열린 무덤이요 그 혀로는 속임을 일삼으며 그 입술에는 독사의 독이 있고 14 그 입에는 저주와 악독이 가득하고 15 그 발은 피 흘리는 데 빠른지라 16 파멸과 고생이 그 길에 있어 17 평강의 길을 알지 못하였고 18 그들의 눈 앞에 하나님을 두려워함이 없느니라 함과 같으니라 19 우리가 알거니와 무릇 율법이 말하는 바는 율법 아래에 있는 자들에게 말하는 것이니 이는 모든 입을 막고 온 세상으로 하나님의 심판 아래에 있게 하려 함이라 20 그러므로 율법의 행위로 그의 앞에 의롭다 하심을 얻을 육체가 없나니 율법으로는 죄를 깨달음이니라

1. 모든 인간은 죄 아래 있습니다(9절). 죄의 세력을 피할 수 있는 사람은 아무도 없습니다. 구체적으로 우리는 어떤 죄 아래 있습니까? 첫째, 의인이라고 주장하는 죄입니다(10절). 우리는 늘 의롭게 보이고자 합니다. 그러나 '기록된 바' 성경 말씀은 이 땅에 선을 행하는 자는 단 한 사람도 없다고 증언합니다(시 14:3). 둘째로, 하나님을 찾지 않는 죄입니다(11절). 사람들이 하나님을 찾는 것 같지만, 대부분은 자기만족을 위해 우상처럼 하나님을 찾습니다. 즉, 기복(祈福)적인 동기로 하나님을 찾는 것입니다. 셋째, 치우치는 죄입니다(12절). 죄의 어원은 '과녁을 빗나가다'입니다. 어느 쪽으로든 치우치는 것이 죄의 특징입니다. 말씀이 삶의 기준이 되지 않으면 우리는 무엇이 옳고 그른지, 무엇이 구원에 유익한지 판단할 수 없습니다. 그래서 본성대로 죄를 짓고 합리화합니다. 넷째, 입으로 짓는 죄입니다(13-14절). 가장 제어하기 어려운 것이 '말'입니다. '목구멍은 열린 무덤'이라는 표현처럼 우리는 입만 열면 악한 마음과 생각을 쏟아 내기에 바쁩니다.

2. 우리를 지배하는 것은 이성도, 감성도 아닌 죄입니다. 눈만 뜨면 죄가 나를 지배합니다. 자신이 죄인이라고 생각하면서도 어느새 해서는 안 될 일을 합니다. 생각을 하면 벌써 죄의 사슬에 사로잡힌 자신을 발견하게 되는 것입니다. 죄를 깨닫고 돌이키는 데는 평생이 걸리기도 하는데 죄지을 생각을 실천에 옮기는 데는 얼마나 빠른지 모릅니다(15절). 그러나 죄에 지배당하는 인생길에는 파멸과 고생만이 있을 뿐입니다(16절).

3. 우리가 죄를 짓고도 깨닫지 못하는 것은 하나님을 두려워하지 않기 때문입니다(18절). 인간 타락의 최종 증거는 하나님을 두려워하지 않는 것입니다. 하나님을 섬기던 사람도 죄를 짓고 나면 하나님에 대한 두려움이 없어집니다. 죄가 반복되고 커질수록 두려워해야 하는데 죄를 지을수록 겁이 없어지는 것이 인간

의 특징입니다. 또한 "주여, 저는 죄인입니다" 입으로 고백한다고 해서 이로써 온전히 거듭나는 것도 아닙니다. 진정한 거듭남은 자신의 죄가 얼마나 참혹한지를 깨닫고 두려워하며 아파하는 데까지 나아가는 것입니다. 자신이 전적으로 부패하고 타락한 100% 죄인임을 인정하며 오직 하나님의 은혜를 구하는 자가 거듭난 자, 주 안에서 본 어게인(born again) 한 자입니다.

로마서 3:9-20

백 프로 죄인

고윤희

본문 요약

사도 바울은 의인도, 하나님을 찾는 자도, 선을 행하는 자도 없다고 합니다. 죄인의 목구멍은 열린 무덤 같고, 그의 길은 파멸과 고생뿐입니다. 죄인은 평강의 길을 알지 못하며 하나님을 두려워하지 않습니다. 율법의 행위로는 의롭다 하심을 받을 수 없습니다. 율법은 죄를 깨닫게 할 뿐입니다.

질문하기

1. 왜 파멸과 고생이 그 길에 있다고 했을까? (16절)
2. 왜 그들의 눈앞에 하나님을 두려워함이 없다고 했을까? (18절)

묵상하기

1. 왜 파멸과 고생이 그 길에 있다고 했을까? (16절)

죄인의 길은 반드시 파멸과 고생으로 이어집니다. 주님은 임박한 파멸에서 우리를 건지시기 위해 죄의 결말을 가감 없이 말씀하십니다.

모태신앙인 저는 엄한 부모님께 일방적인 비난을 많이 받고 자랐습니다. 아버지와 깊은 갈등을 겪으며 부모님의 가르침에서 멀어져 방황했습니다. 우울하고 무기력했던 저의 유일한 탈출구는 남자 친구였습니다. 사랑받고 싶어서 이성의 유혹을 뿌리치지 못했고, 감정이 식으면 다시 새로운 사람을 찾았습니다. 그러다 일하던 학원에서 전남편을 만나 불신결혼을 했습니다. 그러나 남편은 날마다 술을 마시고 제게 폭언을 퍼부었습니다. 저는 남편의 사랑을 확인하고 싶어 직장에 찾아가기도 했지만 관계는 더 멀어졌습니다.

첫 아이가 다섯 살 때, 저는 경마장에서 일하다 한 남자를 만났고, 얼마 후 임신 사실을 알게 되었습니다. '남편의 아이가 아니면 어쩌나' 하는 두려움에 죽고 싶었지만, 그때도 죄를 끊지 못했습니다. 결국 저는 남편을 속이고 상간남의 아이를 낳았습니다. 그러나 제가 외출과 통화가 잦아지자 남편이 저를 의심하기 시작했습니다. 결국 외도가 드러나 저는 이혼을 당했습니다.

이혼 후, 이모의 전도로 다시 교회에 나가게 되었습니다. 공동체의 섬김 속에 예배를 회복하고, 상간남이었던 둘째 아이 아빠와 혼인신고도 했습니다. 그러나 그는 무일푼에 도박 중독자였습니다. 단칸방의 궁핍한 생활이 이어졌고, 뒤늦게 이혼 사유를 알게 된 시댁의 반대로 첫째 아이도 만날 수 없었습니다. 저는 죄책감과 아이를 향한 그리움에 몸부림쳤습니다. 둘째 아이마저 폐렴으로 쓰러져 병원에 입원하게 되자, 제 죄의 결과를 더는 감당할 수 없어 하나님 앞에 엎드러졌습니다. 외도로 모든 것을 잃고 나서야 죄의 길에는 파멸과 고생만 있을 뿐 평강이 없음을 처절히 깨닫게 되었습니다(16-17절).

2. 왜 그들의 눈앞에 하나님을 두려워함이 없다고 했을까? (18절)

죄를 짓고도 깨닫지 못하는 이유는 하나님을 두려워하지 않기 때문입니다. 죄가 반복될수록 죄의식이 무뎌지고, 하나님에 대한 두려움도 잃어버립니다.

저는 하나님을 두려워하지 않았기에 바람을 피우면서도 죄책감이 없었습니다(18절). 남편이 나를 외롭게 해서 바람을 피웠다고 남편 탓을 했고, 이혼해도 아이는 만날 수 있다고 합리화하며 자녀가 받을 상처도 외면했습니다. 그러나 파멸과 고생 끝에 하나님을 만나게 되니 제가 첫 아이와 전남편에게 얼마나 큰 잘못을 했는지 깨닫게 되었습니다(20절). 내 죄가 너무 추악해 고개를 들 수 없었습니다. 주님은 그런 저를 믿음의 공동체로 인도하셨고, 말씀으로 찾아와 주셨습니다. 오랜 세월 미워했던 아버지에게 저를 키워 주신 것만으로도 감사하다고 고백하게 되었고, 저로 인해 해석할 수 없는 인생을 살아가야 하는 자녀들을 주님이 만나 주시길 기도하게 되었습니다.

　　재혼한 남편은 뇌경색과 뇌출혈로 몇 차례 쓰러져 지금은 요양원에 있습니다. 저는 일하고, 자녀를 돌보고, 병든 남편을 섬기며 고된 시간을 보냅니다. 그러나 이제는 남편과 자녀들의 구원을 소망하며 살아갑니다. 때로는 삶에 지치고 죄에 눌려 우울할 때도 있지만, 이제는 죄의 길이 아닌 제게 허락하신 공동체와 예배로 달려가 주님의 위로를 받고 일어섭니다. 백프로 죄인인 제게 유일한 소망이 되어 주시고, 오늘도 그 은혜로 살아가게 하시는 주님께 감사드립니다.

적용하기

- 남편의 구원을 위해 때에 맞는 섬김을 할 수 있도록 날마다 기도하겠습니다.
- 둘째 아이와 함께 큐티하며 주님을 인격적으로 만날 수 있게 돕겠습니다.

기도하기

하나님 아버지, 저는 바람피우고 가정을 버린 100% 죄인입니다. 이런 저를 포기하지 않으시고 구원해 주셔서 감사합니다. 율법이 죄를 드러내는 것으로 끝나지 않고, 죄를 깨달아 영원한 심판에서 저를 건지시려는 주님의 사랑임을 알았습니다. 이제는 제가 경험한 주님의 사랑을 전하며 하나님이 원하시는 삶을 살아갈 수 있도록 도와주시옵소서.

- 『**절대복음**』(김양재, QTM)을 읽고, 독후감을 작성해 봅시다.

 살아내기 Keeping　한 주의 실천 과제와 매일 큐티

- **생활 숙제** 나는 어디에 치우쳐 있었고(자녀, 건강, 감정, 이성, 음란 등), 거듭난 이후 어떻게 달라졌는지 나눠 봅시다.
- **매일 큐티** 매일 큐티를 통해 나 자신과 가정, 공동체를 어떻게 지키고자 했는지 돌아봅시다.

성구 암송과 교리 요약

축복의 벌

16 또 여자에게 이르시되 내가 네게 임신하는 고통을 크게 더하리니 네가 수고하고 자식을 낳을 것이며 너는 남편을 원하고 남편은 너를 다스릴 것이니라 하시고 창세기 3:16

하나님은 불순종하여 범죄한 여자에게는 해산과 남편 사모함의 벌을 주셨고, 남자에게는 노동의 고통을 동반한 형벌을 주셨습니다. 그러나 그 벌을 잘 받으면 하나님의 은혜로 형벌은 축복이 됩니다.

100% 죄인

10 기록된 바 의인은 없나니 하나도 없으며 로마서 3:10

모든 사람은 전적으로 부패하여 타락한 100% 죄인입니다. 죄로 인해 하나님과 분리되었기에 인간의 힘으로는 결코 구원을 얻을 길이 없습니다. 오직 하나님의 은혜를 구하는 자만이 그리스도의 십자가로 말미암아 구원을 얻습니다.

MEMO

수치와 고난이 해결되기만을 바랄 것이 아니라
먼저 구원 얻기를 기도해야 합니다.

09

믿음

구원에 이르는 믿음

마가복음 5:25-34

09 믿음

구원에 이르는 믿음 마가복음 5:25-34

마음 열기 Telling 마음을 열고 생각을 나누는 시간

- 다른 사람에게 감추고 싶은 비밀이 있다면 무엇입니까?
- 주일/수요 설교를 듣고 느낀 점을 나눠 봅시다.

말씀 읽기 Holifying 주님을 만나는 묵상의 시간

구원에 이르려면 예수님이 나의 구원을 위해 죽으시고 부활하신 것을 마음으로 믿고 입으로 시인해야 합니다(롬 10:10). 행위로는 부끄러움의 문제를 해결할 수 없습니다. 오직 믿음으로만 해결할 수 있습니다(롬 9:33). 부끄럽기로 말하면 예수님 집안만 한 데가 없습니다. 시아버지와 동침한 며느리 다말, 기생 라합, 유부녀와 간음하고 살인한 다윗, 처녀로서 아기를 잉태한 마리아가 예수님 집안의 사연입니다. 나의 모든 수치와 고난도 나의 구원을 위해 하나님이 허락하신 사건임을 인정하고 주님께로 나아가야 합니다. 수치와 고난이 해결되기만을 바랄 것이 아니라 먼저 구원 얻기를 기도해야 합니다. 구원을 얻지 못하면 어떤 인생도 실패한 인생입니다. 반면에 구원을 얻으면 어떤 인생도 성공한 인생입니다.

마가복음 5:25-34

25 열두 해를 혈루증으로 앓아 온 한 여자가 있어 26 많은 의사에게 많은 괴로움을 받았고 가진 것도 다 허비하였으되 아무 효험이 없고 도리어 더 중하여졌던 차에 27 예수의 소문을 듣고 무리 가운데 끼어 뒤로 와서 그의 옷에 손을 대니 28 이는 내가 그의 옷에만 손을 대어도 구원을 받으리라 생각함일러라 29 이에 그의 혈루 근원이 곧 마르매 병이 나은 줄을 몸에 깨달으니라 30 예수께서 그 능력이 자기에게서 나간 줄을 곧 스스로 아시고 무리 가운데서 돌이켜 말씀하시되 누가 내 옷에 손을 대었느냐 하시니 31 제자들이 여짜오되 무리가 에워싸 미는 것을 보시며 누가 내게 손을 대었느냐 물으시나이까 하되 32 예수께서 이 일 행한 여자를 보려고 둘러보시니 33 여자가 자기에게 이루어진 일을 알고 두려워하여 떨며 와서 그 앞에 엎드려 모든 사실을 여쭈니 34 예수께서 이르시되 딸아 네 믿음이 너를 구원하였으니 평안히 가라 네 병에서 놓여 건강할지어다

1. 열두 해 동안 혈루증으로 많은 괴로움을 받아온 여자는 무엇보다 구원받기를 원합니다(25-28절). 끝없는 수치와 고통 속에서 더 이상 버틸 소망조차 사라졌을 때 예수의 소문을 듣게 되었고, '그의 옷에만 손을 대어도 구원을 받으리라'는 간절한 믿음이 생겼기 때문입니다. 믿는 우리에게는 이 땅의 삶이 전부가 아닙니다. 병이 나아도 결국 죽음을 피할 수 없습니다. 진정 영생을 누리려면 구원받는 길뿐입니다. 그러므로 우리의 믿음도 병 낫는 것이 목적이 되면 안 됩니다. 무엇보다도 구원을 원해야 합니다. 믿음으로 말미암아 구원을 얻어야 합니다.

2. 여자가 겸손한 믿음으로 주님의 옷을 만지자 혈루의 근원이 마르고 병이 낫습니다(29절). 우리에게도 각자의 혈루증이 있습니다. 그것이 질병일 수 있고, 오랜 세월 끊어지지 않는 미움이나 음란, 집착이나 중독일 수도 있습니다. 이런 혈루의 근원이 마르려면 먼저 예수님을 만나야 합니다. 예수님을 만나는 길은 바로 말씀 묵상입니다. 날마다 간절한 마음으로 말씀을 묵상하며 나의 혈루의 근원을 깨닫고 절박한 마음으로 예수님의 옷자락에 손을 대는 적용을 하면 내 질병의 근원, 죄의 근원이 마르게 될 것입니다. 내 인생에 구원을 얻는 역사가 일어날 것입니다.

3. 예수님은 "누가 내 옷에 손을 대었느냐"라고 물으십니다(30절). 이는 여자의 믿음을 사람들 앞에 드러내시기 위함입니다. 여자는 두렵고 떨리는 마음으로 예수님 앞에 엎드려 모든 사실을 고백합니다(33절). 우리의 간증도 그렇습니다. 자랑하는 것이 아닙니다. 두렵고 떨림으로 주님 앞에 엎드려 나의 모든 죄와 수치, 그리고 하나님이 베푸신 구원의 은혜를 진실하게 고백하는 것입니다.

4. 예수님은 여자에게 "딸아 네 믿음이 너를 구원하였으니 평안히 가라"라고 축복
   하십니다(34절). 끝없는 수치 가운데서도 "옷에만 손을 대어도 구원을 얻으리라"
   는 믿음으로 나온 여자에게 병 고침뿐만 아니라 영원한 구원으로 응답해 주십
   니다. 이뿐만 아니라 그 누구도 이 여자를 정죄할 수 없도록 많은 사람 앞에서
   그녀의 구원과 치유를 확증해 주십니다. 우리도 나를 고치시고, 구원하신 주님
   을 겸손히 간증할 때, 주님께서 우리의 믿음을 인정해 주시고 구원의 확신과 평
   안을 더하여 주실 것입니다. 고난이 축복이 될 것입니다.

숨겨진 상처, 드러난 은혜

유민건

본문 요약

열두 해 동안 혈루증을 앓아 온 여자가 예수님의 옷에 손을 대자 곧 병이 나았습니다. 예수님은 자신에게서 능력이 나간 것을 아시고, 여자를 찾으셨습니다. 여자가 두렵고 떨림으로 엎드려 모든 사실을 고백하자, 예수님은 "네 믿음이 너를 구원하였으니 평안히 가라"고 말씀하십니다.

질문하기

1. 왜 여자는 예수님의 옷에만 손을 대어도 구원을 받으리라 생각했을까? (27절)
2. 왜 예수님은 자신의 옷에 손을 댄 여자를 찾으셨을까? (32절)

묵상하기

1. 왜 여자는 예수님의 옷에만 손을 대어도 구원을 받으리라 생각했을까? (27절)

여자는 열두 해 동안 자신의 혈루병을 고치려고 온갖 방법을 동원했지만 아무 효험이 없고, 병은 오히려 더 심해졌습니다. 모든 소망이 끊어진 그때, 예수의 소문을 듣고 오직 예수님만이 자신을 구원하실 수 있다는 믿음으로 예수님의 옷자락에 손을 댔습니다.

저는 네 살 때부터 어머니를 따라 교회에 다녔습니다. 가난한 형편 속에서 교회는 저의 쉼터가 되어 주었고, 자연스럽게 주일학교 교사, 찬양 인도, 성가대 등 많은 봉사를 했습니다. 그러나 대학에 들어가 사귄 여자 친구와 음란에 빠지면서 제 신앙이 흔들리기 시작했습니다. 처음엔 예배 때마다 죄책감에 눌려 괴로웠지만, 시간이 지날수록 죄의식은 무뎌졌고 예배도 형식적으로 드리게 되었습니다. 그렇게 저의 음란 중독은 더 중하여졌습니다(26절).

여자가 많은 괴로움 가운데 예수의 소문을 들은 것처럼, 저도 군 제대 후 참석한 교회 수련회에서 내가 구원받아야 할 죄인이라는 말씀이 들렸습니다. 그리고 여자가 예수님의 옷자락에 손을 댄 것처럼 저도 참담한 심정으로 한 번도 얘기한 적 없던 제 숨은 부끄러움의 죄를 주님께 고백했습니다(27-28절).

"주님, 저는 교회에선 하나님을 예배하는 척하지만, 사실은 여자 친구를 만날 때마다 음란을 저지르는 사람입니다. 이런 죄인에게도 성령을 주시나요?"

눈물로 고백했을 때, 누군가 뒤에서 저를 안아 주는 듯한 느낌이 들었고, 제 입에서 뜨거운 방언이 나왔습니다. 놀라움과 동시에 '하나님이 살아 계셨구나! 지금까지 나를 지켜보고 계셨구나!' 깨달아졌습니다. 두렵고 떨리면서도 보잘것없는 나를 주목하시고 용서해 주신 주님의 사랑에 목이 메었습니다. 그날, 주님께서 나의 죄를 위해 십자가에서 죽으셨다는 것이 가슴 깊이 믿어졌고, 저는 구원의 확신을 얻었습니다.

2. 왜 예수님은 자신의 옷에 손을 댄 여자를 찾으셨을까? (32절)

예수님은 병 고침을 넘어 여자의 삶을 온전히 회복시키기 원하셨습니다. 무리 가운데서 여자를 찾으시고, 그녀가 공동체 앞에서 자신에게 이뤄진 모든 사실을 고백하게 하십니다. 그리고 그녀가 믿음으로 구원받았음을 예수님이 직접 확증해 주십니다. 주님은 그녀가 구원의 확신을 가지고 공동체 안에서 평안하고 건강하게 살아갈 수 있도록 간증의 자리를 허락하신 것입니다.

저는 수련회를 마치고 돌아와, 저녁까지 교회에 머물며 저를 만나 주신 주님의 은혜에 감사하며 찬양을 불렀습니다. 그러던 중 이런 고백이 나왔습니다.

"너무 수치스러운 간증이지만, 제가 만난 주님을 누군가에게 전했으면 좋겠습니다."

진정한 평안과 기쁨을 경험한 저는 이후 음란한 환경을 벗어나기로 결단했고, 주님의 은혜로 음란 중독에서 놓일 수 있었습니다(29절). 이후 제게 말씀 묵상을 소개해 준 자매를 만나 결혼했습니다. 지금은 그때의 고백처럼, 공동체 안에서 저의 죄와 수치를 약재료로 내어놓으며 다른 사람들에게 제가 만난 주님을 전하고 있습니다(33절).

오랜 음란의 혈루병에서 저를 고쳐 주시고, 구원받고 평안히 살아가게 하신 주님께 감사드립니다(34절).

적용하기

- 말씀으로 깨달은 제 죄를 솔직히 고백하며, 다른 지체들이 주님께 나아가도록 돕겠습니다.
- 음란의 유혹을 피하기 위해 여성과 단둘이 차를 타지 않겠습니다.

기도하기

주님, 저는 오랜 세월 음란에 넘어졌던 죄인입니다. 주님의 소문을 듣고 옷자락에 손을 댔을 뿐인데, 저의 혈루인 음란을 고쳐 주시고 구원을 확증해 주시니 감사합니다. 이제는 주님이 주신 구원의 확신과 평안을 가지고 제가 경험한 예수의 소문을 내는 인생이 되길 원합니다. 주님이 저를 찾으실 때마다 겸손히 나와 제게 이루어진 일을 두렵고 떨림으로 간증할 수 있도록 도와주옵소서.

 **돌아보기** Nursing 주제 도서 읽고 나누기

- 『사 말씀 새 부대 새 노래』(김양재, QTM)를 읽고, 독후감을 작성해 봅시다.

 **살아내기** Keeping 한 주의 실천 과제와 매일 큐티

- **생활 숙제** 내 믿음이 온전해지라고 허락하신 혈루의 사건은 무엇이며, 어떻게 회복되었는지 나눠 봅시다.
- **매일 큐티** 매일 큐티를 통해 나 자신과 가정, 공동체를 어떻게 지키고자 했는지 돌아봅시다.

성구 암송과 교리 요약

은혜의 선물

8 너희는 그 은혜에 의하여 믿음으로 말미암아 구원을 받았으니 이것은 너희에게서 난 것이 아니요 하나님의 선물이라 9 행위에서 난 것이 아니니 이는 누구든지 자랑하지 못하게 함이라 에베소서 2:8-9

그 누구도 자신의 행위로 하나님의 공의를 만족시킬 수는 없습니다. 우리가 의롭다 함을 받는 것은 전적으로 하나님이 주시는 은혜의 선물입니다.

믿음의 역사

34 예수께서 이르시되 딸아 네 믿음이 너를 구원하였으니 평안히 가라 네 병에서 놓여 건강할지어다 마가복음 5:34

하나님은 고난을 통해 그분을 절대적으로 의지하게 하십니다. 우리는 구원에 이르는 믿음과 말씀에 순종함으로 말미암아 하나님의 구원 계획에 참여하게 됩니다.

MEMO

말씀 묵상의 꽃은 적용이며

그 목적은 영혼 구원입니다.

10

영혼 구원

인생의 목적

로마서 9:1-13

10 영혼 구원

 **마음 열기** Telling 마음을 열고 생각을 나누는 시간

- 나는 누군가를 사랑할 때 어떻게 표현하나요?
- 주일/수요 설교를 듣고 느낀 점을 나눠 봅시다.

 **말씀 읽기** Holifying 주님을 만나는 묵상의 시간

말씀 묵상의 꽃은 적용이며 그 목적은 영혼 구원입니다. 우리의 모든 양육과 사명의 목적도 결국 영혼 구원이어야 합니다. 교회를 교회 되게 하는 것도 하나님의 뜻, 곧 영혼 구원에 있습니다. 하나님을 모르는 사람이 주변에 있다면 그들을 구원으로 인도해야 할 사명이 우리에게 있습니다. 한 영혼이 돌아오는 것이 하나님의 뜻이며, 그것이 천하보다 귀한 일이기 때문입니다. 그 한 영혼을 위해 예수님이 십자가에서 죽으셨기에, 우리도 한 영혼의 구원을 위해 마땅히 십자가를 져야 합니다. 인생의 목적이 영혼 구원이어야 합니다.

로마서 9:1-13

1-2 내가 그리스도 안에서 참말을 하고 거짓말을 아니하노라 나에게 큰 근심이 있는 것과 마음에 그치지 않는 고통이 있는 것을 내 양심이 성령 안에서 나와 더불어 증언하노니 3 나의 형제 곧 골육의 친척을 위하여 내 자신이 저주를 받아 그리스도에게서 끊어질지라도 원하는 바로라 4 그들은 이스라엘 사람이라 그들에게는 양자 됨과 영광과 언약들과 율법을 세우신 것과 예배와 약속들이 있고 5 조상들도 그들의 것이요 육신으로 하면 그리스도가 그들에게서 나셨으니 그는 만물 위에 계셔서 세세에 찬양을 받으실 하나님이시니라 아멘 6 그러나 하나님의 말씀이 폐하여진 것 같지 않도다 이스라엘에게서 난 그들이 다 이스라엘이 아니요 7 또한 아브라함의 씨가 다 그의 자녀가 아니라 오직 이삭으로부터 난 자라야 네 씨라 불리리라 하셨으니 8 곧 육신의 자녀가 하나님의 자녀가 아니요 오직 약속의 자녀가 씨로 여기심을 받느니라 9 약속의 말씀은 이것이니 명년 이 때에 내가 이르리니 사라에게 아들이 있으리라 하심이라 10 그뿐 아니라 또한 리브가가 우리 조상 이삭 한 사람으로 말미암아 임신하였는데 11 그 자식들이 아직 나지도 아니하고 무슨 선이나 악을 행하지 아니한 때에 택하심을 따라 되는 하나님의 뜻이 행위로 말미암지 않고 오직 부르시는 이로 말미암아 서게 하려 하사 12 리브가에게 이르시되 큰 자가 어린 자를 섬기리라 하셨나니 13 기록된 바 내가 야곱은 사랑하고 에서는 미워하였다 하심과 같으니라

1. 바울이 전도 여행을 하며 복음을 전했을 때 이방인들은 예수님을 믿었지만 정작 바울의 혈육인 유대인들은 복음을 거부했습니다. 이에 바울은 골육의 친척인 유대인의 구원을 위해 크게 근심하고 애통합니다(1-2절). "내 자신이 저주를 받아 그리스도에게서 끊어질지라도 원하는 바로라"라고 고백합니다(3절). 이는 실제로 그리스도를 떠나도 상관없다는 뜻이 아닙니다. 끊을 수 없는 그리스도의 사랑과 승리에 대한 확신이 그에게 있었기 때문입니다. 이렇듯 우리도 구원받지 못한 식구 때문에 큰 근심이 있어야 합니다. 마음에 그치지 않는 고통을 가지고, 복음을 전하고 또 전해야 합니다.

2. 유대인은 하나님의 자녀가 되는 '양자 됨'의 축복을 받은 민족입니다(4절). 안 믿는 사람들이 아니라, 소위 믿음의 가문이었습니다. 하지만 그들은 양자로서의 특권만을 내세우며 예수 그리스도를 믿지 않았습니다. 그러나 아브라함의 씨라고 다 영적 자녀가 아닙니다. '오직 이삭으로부터 난 자', 즉 '기다림으로 훈련 끝에 낳은 자녀'가 '씨로 여기심'을 받습니다(7-8절). 내가 육신으로 낳은 자녀도 그렇습니다. 아무리 잘나고 공부 잘해도 다 믿음의 후손이 되는 것은 아닙니다. 하나님의 말씀으로 훈련되고, 하나님과의 만남이 있어야 '씨로 여기심'을 받습니다.

3. "내가 야곱은 사랑하고 에서는 미워하였다"(13절)라고 하신 하나님의 말씀은 편애가 아닙니다. 에서처럼 성실한 사람도 구원받지 못할 수 있고, 야곱처럼 거짓말하고 문제 많은 사람도 구원받을 수 있다는 은혜의 본보기입니다. 하나님이 정말 원하시는 것은 나 자신의 구원으로 시작해서 형제의 구원 때문에 애통해하는 것입니다. 나만 구원받고서는 행복할 수 없습니다. 구원의 감격 뒤에는 영혼 구원을 갈망하는 그치지 않는 고통이 수반되게 마련입니다. 진정으로 구원

을 원하는 자만이 인간의 모든 가치관과 능력과 죽음까지도 넘어서는 사랑을
할 수 있습니다.

로마서 9:1-13

세결남 아버지의 구원

정유진

본문 요약

바울은 자신이 저주를 받아 그리스도에게서 끊어질지라도 형제의 구원을 간절히 원합니다. 이스라엘은 하나님께 약속을 받은 민족으로 그들에게서 그리스도가 나셨습니다. 그러나 육신의 자녀가 하나님의 자녀가 아니요, 오직 약속의 자녀가 씨로 여김을 받습니다. 야곱은 사랑하고 에서는 미워하셨다는 말씀처럼 하나님의 택하심은 사람의 행위가 아닌 오직 그분의 뜻에 따릅니다.

질문하기

1. 왜 바울은 자신이 저주를 받아 그리스도에게서 끊어질지라도 형제의 구원을 원한다고 했을까? (3절)

2. 왜 야곱은 사랑하고 에서는 미워하였다 하심과 같다고 했을까? (13절)

묵상하기

1. 왜 바울은 자신이 저주를 받아 그리스도에게서 끊어질지라도 형제의 구원을 원한다고 했을까? (3절)

바울은 이방인들은 복음을 받아들이는데, 정작 자신의 혈육인 유대인들은 이를 거부하는 모습을 보며 큰 근심과 그치지 않는 고통을 느꼈습니다. 그는 유대인들의 구원을 간절히 원했기에, 자신이 그리스도에게서 끊어질지라도 형제들이 구원받기 원한다고 고백합니다.

　저희 아버지는 '세결남(세 번 결혼한 남자)'입니다. 술, 폭력, 도박, 여자 문제로 어머니와 자주

다투셨고, 제가 다섯 살 때는 부엌칼로 어머니를 죽이겠다고 위협하는 일까지 있었습니다. 그 일을 계기로 두 분은 결국 이혼하셨습니다.

몇 년 후 아버지는 재혼하셨지만, 다시 바람을 피우셔서 두 번째 이혼을 하셨습니다. 그리고 제가 대학생 때, 저와 동갑인 중국인 여자와의 사이에 쌍둥이가 생겨 세 번째 결혼을 하셨습니다. 아버지가 딸과 같은 나이의 여자를 만나 아이까지 낳았다는 사실에 저는 큰 충격을 받았습니다. 공황장애와 우울증에 시달렸고, 7년간 아버지와 연락을 끊었습니다.

그러던 중 저는 결혼을 앞두고 교회에서 양육을 받게 되었습니다. 말씀을 들으며, 제가 억울하고 불쌍하기만 한 피해자가 아니라, 아버지를 증오하고 마음속으로 수없이 살인한 죄인임이 깨달아졌습니다. 그리고 제 구원을 위해 아버지가 수고하셨다는 사실이 인정되며, 아버지의 구원에 대한 애통한 마음이 커져 갔습니다(3절).

2. 왜 야곱은 사랑하고 에서는 미워하였다 하심과 같다고 했을까? (13절)

하나님은 에서가 아닌 야곱을 택하셨습니다. 이는 에서처럼 성실한 사람도 구원받지 못할 수 있고, 야곱처럼 거짓말 잘하고 문제 많은 사람도 구원받을 수 있다는 은혜의 본보기입니다. 야곱에게는 택함받을 만한 행위가 아무것도 없었지만, 오직 부르시는 하나님의 뜻으로 말미암아 택함을 받았습니다.

아버지는 코로나19로 사업이 완전히 망하면서 중국에서 세 번째 이혼을 하고 홀로 한국에 돌아오셨습니다. 아버지의 구원을 위해 기도하던 저는 무작정 아버지의 주소로 찾아가 문을 두드렸습니다. 오랜만에 만난 아버지는 쓰레기로 가득 찬 악취 나는 좁은 집에서 노숙자 같은 행색으로 저를 맞이하셨습니다. 아버지는 돈도, 건강도, 가족도 모두 잃은 채 그저 누워서 죽음을 기다리는 사람처럼 지내고 계셨습니다.

저는 아버지께 교회에 등록하고 소그룹에 들어가시기를 간청했습니다(3절). 세 번의 결혼과 이혼으로 황폐해져 아무 희망도 보이지 않던 삶의 끝자락에서 아버지는 예수님의 초대에 응하셨습니다. 지금은 매주 눈물로 회개하시며 예배와 말씀을 사모하십니다. 제가 매주 찾아가 치워 드리던 그 집이 소그룹 예배 처소로 쓰임받는 은혜도 허락해 주셨습니다.

험한 인생을 사신 아버지를 통해, 하나님의 택하심은 행위가 아닌 오직 부르시는 이의 뜻으로 말미암는다는 것과 하나님은 택자를 반드시 구원하신다는 것을 깨달았습니다(11, 13절). 수치스럽고 부끄러운 콩가루 집안이 아니라, 하나님의 구원 계획 속에 붙들려 있는 가정임을 알게 하신 하나님께 감사드립니다.

적용하기

- 목장에서 부끄러워하지 않고 콩가루 집안에 베푸신 구원의 은혜를 전하겠습니다.
- 아버지가 공동체에 잘 붙어 가실 수 있도록 자주 전화하고 찾아뵙겠습니다.

기도하기

하나님, 저는 아버지로 인해 힘든 인생을 살았다고 원망하며 마음으로 수없이 살인한 죄인입니다. 아버지의 수고로 예수님을 믿고 구원받음을 깨닫게 하시고, 아버지의 구원을 위해 애통하는 마음도 주셔서 감사합니다. 늘 행위의 옳고 그름으로 판단하는 저의 교만을 회개하오니 용서해 주시옵소서. 이제는 제게 주신 역할에 순종하며 행위가 아닌 오직 주님의 뜻으로 말미암아 저희 가정에 베푸신 구원의 은혜를 전하기 원합니다. 도와주시옵소서.

 **돌아보기** Nursing 주제 도서 읽고 나누기

- 『**전능자의 그늘**』(엘리자베스 엘리엇, 복 있는 사람)을 읽고, 독후감을 작성해 봅시다.

 **살아내기** Keeping 한 주의 실천 과제와 매일 큐티

- **생활 숙제** 아직 구원받지 못한 가족이 있다면, 나의 근심과 고통의 마음을 담아 교회로 초청하는 편지를 작성해 봅시다.
- **매일 큐티** 매일 큐티를 통해 나 자신과 가정, 공동체를 어떻게 지키고자 했는지 돌아봅시다.

성구 암송과 교리 요약

새 생명의 증인

2b 강 좌우에 생명나무가 있어 열두 가지 열매를 맺되 달마다 그 열매를 맺고 그 나무 잎사귀들은 만국을 치료하기 위하여 있더라 요한계시록 22:2b

성령으로 거듭나 새로운 생명을 얻게 된 사람은 하나님의 영광에 합당한 열매를 맺음으로써 그리스도의 증인으로 살아갑니다.

구원을 위한 명령

3 나의 형제 곧 골육의 친척을 위하여 내 자신이 저주를 받아 그리스도에게서 끊어질지라도 원하는 바로라 로마서 9:3

예수 그리스도는 나를 세상 속으로 부르셔서 그분의 증인이 되게 하셨으며, 속죄의 죽음과 부활을 통한 구원의 소식을 모든 사람에게 선포하고 가르치라는 명령을 주셨습니다.

MEMO

과제물 작성 요령 및 예시

10주 동안 매주 정해진 성경 본문을 묵상합니다. 본문을 요약하고, 두 가지 질문을 뽑고, 그 질문을 중심으로 묵상한 뒤 제목을 정합니다. 묵상한 내용을 바탕으로 적용하기, 말씀으로 기도하기를 작성합니다.

제목

자신만의 제목을 정합니다. 각 과의 제목과 동일한 제목을 피하고, 본문 요약을 더욱 축약해 한두 단어로 정해도 좋습니다. 가능한 본문에 나온 단어를 사용하되 자신의 스토리가 생각나도록 정합니다.
예) 검은 마음 (X), 성령 충만하여 (X), 돌을 던지고 있는 나 (O)

본문 요약

주제 본문을 세 줄 정도로 요약합니다. 성경에서 언급하지 않은 단어나 자기 해석을 피하고, 조사 정도만 바꿔서 현재형으로 씁니다. 내 생각대로 말씀을 묵상하지 않도록 주의합니다. 말씀을 짧게 요약하기 위해 본문을 여러 번 묵상하며 내 생각을 가지치기하고, 말씀의 핵심이 무엇인지 생각해 봅니다.

질문하기

본문에서 두 가지 질문을 뽑습니다. 질문을 하나만 뽑으면 자기가 생각하고 싶은 부분에만 사로잡힐 위험이 있습니다. 성경 본문에서 가장 중요하다고 생각하는 질문과 자신에게 가장 중요하다고 생각하는 질문을 하나씩 뽑습니다. '왜'를 넣어 성경 구절을 그대로 인용해 질문합니다. 말씀으로 나를 바라보고, 말씀이 나를 읽어 가도록 하는 훈련이 큐티입니다.

좋은 예

- 왜 예수님은 한 배에 오르셨을까? (3절)

- 왜 예수님은 시몬에게 깊은 데로 가서 그물을 내려 고기를 잡으라고 하셨을까? (4절)

- 왜 시몬 베드로는 "나는 죄인이로소이다"라고 했을까? (8절)

- 왜 그들은 모든 것을 버려두고 예수를 따랐을까? (11절)

나쁜 예

- 성경 본문과 상관없는 질문을 뽑는 것
- '나'라는 1인칭 시점이 들어간 질문

묵상하기

'질문하기'에서 뽑은 두 가지 질문에 대해 묵상합니다. 두 질문에 각각 다른 사건을 다루기 보다 하나의 사건으로 연결될 수 있도록 합니다. 본문의 전후 문맥을 살필 때, 성경을 주석하지 않도록 주의합니다. 또한 내 이야기로 바로 들어가지 말고 성경 말씀 안에 내 사건을 비춰본 후 성경 본문의 언어로 내 이야기를 씁니다.

질문에 나를 대입해 내 속의 수많은 '나'와 직면하고, 가능한 구체적인 사건 위주로 작성합니다. 그 사건 속에서 나는 어떤 죄인인지가 구체적으로 드러나야 합니다. 성경 구절을 그대로 적지 말고, 성경 절수는 반드시 표기합니다. 질문 하나당 본문 해석 3-4줄, 묵상 간증 8-10줄 분량으로 작성합니다.

적용하기

마음의 결단을 담은 '내면 적용'과 손과 발이 가는 '실천 적용', 두 부분으로 나누어 작성하되 간결하게 한두 줄로 씁니다.

- 직장에서 내 욕심과 야망을 내려놓고 구원의 사명을 잘 감당하겠습니다.
- 소그룹 모임에서 내가 체험한 하나님을 담대하게 증언하는 리더가 되겠습니다.
- 매일 말씀의 거울로 나를 비추어 인정 중독의 우상을 더 내려놓겠습니다.
- 날마다 말씀 묵상에 힘쓰며, 자녀에 대한 야망을 내려놓고 구원을 위해 기도하는 어머니가 되겠습니다.

- 해외에 있는 큰딸에게 손 편지로 사랑을 전하겠습니다.
- 평소에 남편과 아들에게 상냥하게 말하는 것이 잘 안 되는데, 하루에 한 번이라도 상냥하게 말하고 안아 주겠습니다.
- 아이들 앞에서 아내에게 분노를 표출하고, 부재중 아빠로 지낸 시간을 회개하기 위해 청소년부를 계속 섬기겠습니다.
- 목장에 나오지 않는 목원을 찾아가 안부를 묻고 심방하겠습니다.

기도하기

주제 본문에 나온 말씀을 인용해 3-4줄 분량으로 기도문을 작성합니다.

※ 각 과의 주제 큐티 예시 참고

2. 주일/수요예배 설교 녹취

설교 내용을 간단히 요약하는 것이 아니라 가능한 설교 말씀 그대로 적습니다. 핵심 대지는 구분하고, 마지막에 설교를 듣고 느낀 점을 적습니다. 다만 발표할 때는 핵심 대지만 간단하게 요약하고 느낀 점 위주로 말하고, 대지별 적용 질문을 자신의 상황에 비추어 자유롭게 말해 봅니다.

날짜: OO년 O월 O일

제목: 인구조사

본문: 사무엘하 24:1-9

사무엘하는 다윗이 마지막까지 인구조사를 하면서 죄짓는 것으로 막을 내립니다. 인간은 믿음의 대상이 아닙니다. 그동안 다윗의 모든 승리는 하나님이 함께하심으로 가능했습니다. 다윗이 위대해서가 아니라는 것을 보여 주는 인구조사의 죄는 무엇이고, 어떤 의미가 있는지 알아봅니다.

첫째, 하나님께서 이스라엘을 향하여 진노하셨기 때문입니다(1절).

다시 이스라엘을 향해 진노하시는 하나님입니다. 하나님은 이스라엘을 향해 전에도 진노하시고, 또다시 진노하십니다. 다윗을 격동시켜서 인구를 조사하게 하고 벌을 내리십니다. 이 일로 7만 명이나 죽게 되지만, 하나님은 백 퍼센트 옳으신 분입니다. 하나님은 왜 진노하셨을까요? 사울 왕이 기브온 족속을 억압하고 죽인 결과, 사울 자손의 일곱을 매달았고 리스바의 회개 기도를 들어주셨습니다. 사울은 하나님의 말씀을 알아듣지 못하는 사람이었기에 하나님의 말씀을 듣는 다윗에게 사울의 죄를 물으신 것입니다. 다윗은 언제나 책임을 지는 사람이었습니다.

연대순으로 보면 인구조사는 다윗 통치 시기의 마지막에 행한 것이 아니라 밧세바 사건과 압살롬의 반란 사건 이후입니다. 하나님이 다윗의 아들을 치시고, 차례대로 예언이 성취되었습니다. 그리고 이 모든 일을 다윗한 사람의 잘못으로 받아들였습니다. 다윗은 강간, 살인, 반역의 사건 앞에 철저하게 무능력했지만, 처절하게 회개하는 모습을 보여 줍니다.

모든 것을 지도자 왕의 잘못으로 몰고 가지만, 왕의 잘못은 백성의 잘못이기도 하다고 알려 주십니다. 이스라엘 백성의 죄는 다윗을 따르지 않고 압살롬을 따른 것입니다. 반역자, 대적자인 압살롬은 기름 부음이 없었습니다. 압살롬이 이스라엘 백성의 마음을 훔쳤다고 했습니다. 백성이 압살롬의 외모와 언변에 넘어갔고, 다윗을 믿고 따르지 않은 것입니다. 백성은 사울 왕을 외모로 취하더니 이번에는 압살롬의 외모에 반했습니다. 그 후에는 사울 족속 베냐민 지파의 세바를 따릅니다.

이 일이 다윗 때문이기도 하지만, 다윗을 배반한 것은 결국 하나님을 배반한 것이기에 백성을 치리해야 했습니다. 사무엘을 따르다가 사울을 따르고, 다윗을 따르다 압살롬을 따르고, 베냐민 지파를 따르는 백성입니다. 행위가 아니라 오직 믿음으로 구원을 받기 때문에 다윗에게 구원이 있음을 깨달아야 합니다. 압살롬을 따르는 것은 하나님을 반역하는 것입니다. 스펙, 외모, 성품을 따르는 것은 하나님을 반역하는 일입니다. 하나님은 다윗의 치부를 드러내시지만, 그럼에도 다윗에게 구원이 있습니다. 하나님을 수없이 반역한 백성이 그들을 위해 세운 왕을 끊임없이 반역했습니다.

(적용 질문) 세상 왕을 끊임없이 벗어나지 못해서 하나님이 진노하실 일은 무엇입니까?

(중략)

셋째, 인구조사의 실체는 넘버 게임입니다(2-9절).

현대 사탄의 궤계는 '수'(數)입니다. 사탄은 다윗에게 방해 공작을 벌여 '넘버 게임'을 하게 합니다. 다윗은 단에서 브엘세바까지 인구를 조사하라고 재촉하며 명령했습니다. 요압이 '하나님은 백배나 더하실 수 있는 분'이라며 만류했지만, 격동된 다윗은 요압의 바른말을 듣지 않습니다.

하나님이 알려 주신 것만 알면 되는데 내가 알고 싶은 것이 많아 늘 문제가 생깁니다. 우리는 숫자에 약합니다. 다윗의 전쟁은 하나님만 의지할 때 승리했습니다. 전쟁 전에 계수를 하면 적군의 많은 수가 두려워 싸우기가 어렵습니다. 비교 때문에 인생이 힘든 것입니다. 모세가 한 인구조사는 홍해 바다를 건넌 감사함에 계수한 것이었고, 이때는 넘버 게임이라고 하지 않습니다. 순수한 마음으로 한 것인지, 열등감 때문에 과시하려고 한 것인지가 중요합니다.

인구조사를 위해 아홉 달 이십 일 동안 시간과 물질을 쏟으며 그동안 점령한 것을 돌아보게 했습니다. 다윗은 그동안 물리친 숫자가 궁금하고 그것을 백성에게 자랑하고 싶었을 것입니다. 좋은 생각은 빨리 적용해야 하지만 오래 생각하다가 적용하지 못하는 것이 있습니다. 이것이 혈기이고 욕심입니다. 내가 하려는 것을 누가 말릴까 봐 욕심을 내고, 못하게 해서 막힐 때 혈기를 냅니다. 오늘 재촉하고 싶은 것을 참고, 하나님의 은혜로 했다고 하면서 세상의 복을 자랑하는 다윗의 모습입니다. 이것이 잘못입니다. 이런 의도로 인구조사를 한 것이 잘못입니다.

(적용 질문) 우리가 자랑하고 두려워하는 숫자는 무엇입니까? 연봉, 자녀의 성적, 주가 지수입니까?

숫자가 올라가면 좋아하고 내려가면 두려운 것이 넘버 게임입니다. 이것이 사탄의 유혹입니다. 인구조사는 하나님이 이스라엘 백성에게 진노하신 것이고, 다윗을 격동하게 하셔서 치리한 사건입니다. 인구조사는 넘버게임이고 숫자놀음입니다. 우리는 다윗의 마지막이 인구조사의 죄로 끝나는 것을 기억해야 합니다.

느낀 점

제 아버지는 부유하고 다복한 환경에서 자라셨지만, 홀로 월남을 하셨습니다. 늘 정이 그리웠던 아버지는 어머니를 만난 후로 작은 외할아버지를 아버지처럼 모시고 결혼 비용으로 모아둔 돈을 전부 맡겼다고 합니다. 그러나 빚에 쪼들리던 작은 외할아버지가 그 돈을 빚 갚는 데 써 버리셨고, 정작 아버지가 결혼할 때는 혼수조차 변변히 마련할 수 없었다고 합니다. 그때부터 우리 집의 셋방살이가 시작됐습니다. 초등학생 때는 매년 이리저리 옮겨 다니느라 친구를 사귀기도 어려웠습니다.

이 같은 어린 시절의 쓰라린 기억 때문에 저는 셋방에서는 살지 않으리라 굳게 다짐했습니다. 직장생활을 시작하면서 교통비를 제외한 월급의 대부분을 저축했고, 결혼할 때는 작은 빌라를 마련했습니다. 그 후 집을 팔아 구입한 강남의 작은 아파트는 시기를 잘 만나서인지 가격이 급등했고, 다시 매입한 고층아파트 또한 가격이 계속 올라 12억까지 호가했습니다. 그러니 신문을 볼 때마다 부동산 면에서 집 시세를 보는 것이 낙이었고, 우리 집 아파트 가격은 늘 자랑거리였습니다.

직장을 퇴직하고 시작한 디자인 사무실은 처음에는 수지가 맞는 것 같더니 해가 갈수록 적자 폭이 늘어갔습니다. 결국 모자란 운영비를 주택 담

보로 해결하고, 일부는 생활비로 쓰는 일이 잦아졌습니다. 불어난 빚에 미국의 금융위기 악재까지 겹쳐 아파트를 매각할 수밖에 없었고, 결국 제 다짐과 달리 셋방살이 신세가 되었습니다. 전에는 집 시세를 보면서 흐뭇했지만, 지금은 치솟는 전세가를 보기가 두려워 부동산 면은 보지 않고 넘어갑니다. 아파트를 소유했을 때도 구입 당시 대출금이 있어 온전히 제 것은 아니었지만, 친구나 지인에게 과시하기 위해 아파트 시세를 확인하고 다녔습니다. 아파트가 우상이 되어 자랑거리가 된 것입니다.

다윗이 열등감으로 인구조사를 해서 자신의 세력을 과시하려 한 것처럼 저도 어렸을 때 이사를 다니며 가난하게 살았던 열등감 때문에 아파트 가격을 자랑한 것 같습니다. 숫자를 자랑하던 제게 하나님의 진노로 금융위기를 주시고, 결국 몇 억의 손해를 보고 아무것도 남지 않게 하셨습니다. 그러니 높아지는 전세가에 하나님만 바라볼 수밖에 없습니다. 내가 할 수 없으니 하나님만 바라보게 하시는 것이 축복이라 생각합니다. 다가올 내일을 염려하지만 평강한 오늘을 영위케 하시고 말씀으로, 은혜로 견인해 가시는 하나님을 사랑합니다.

3. 독서물

주제 도서를 읽고 독후감을 쓰는 동안, 매 과의 주제를 좀 더 구체적으로 이해하게 됩니다. 내용을 요약하고 책을 읽으면서 느낀 점을 자신의 삶과 연결 지어 작성하도록 합니다.

제목

자신만의 제목을 정해 봅니다.

▍ 내용 요약

책을 이해하기 쉽게 각 장마다 간략하게 요약해 봅니다.

▍ 느낀 점

책을 읽으면서 감동한 부분, 인상 깊은 점, 깨달은 것, 이해되지 않는 부분을 적습니다. 특히 각 과의 중심 주제가 담긴 부분을 주의 깊게 읽고, 책 속에 적용할 부분이 있다면 자신의 삶을 돌아보고, 구체적인 실천 사항을 적어 봅니다.

독후감 예시 (권혜경)

도서명: 보시기에 좋았더라

저자: 김양재

출판사: 두란노

페이지수: 323쪽

제목 : 말씀으로 해석되는 인생

내용 요약

chapter 1. 나를 도우시는 창조 사역

성부 하나님의 숨겨진 뜻이 성자 하나님의 낮아지심으로 나의 관계와 질서, 시간과 공간 안으로 들어오심을 통해 드러났습니다. 여전히 흑암과 혼돈이 있고 관계와 질서에 순종하기가 힘들지만 진리의 성령님이 효과적으로 도와주십니다. 그 도우심을 받아 창세전부터 택함받은 우리가 이제 새로운 창조 사역을 감당해야 합니다.

chapter 2. 보시기에 좋았더라

보시기에 좋은 인생이 되기 위해 말씀이 들려야 합니다. 우리의 혼돈과 공허, 흑암을 지극한 애정으로 품으며 내 곁의 사람들도 그렇게 품고 갈 때 '하나님 이 비추시는 은혜의 빛으로 이르시되'의 말씀이 들리기 시작해 내 인생이 해석되고 환해집니다. 그리고 우리는 빛 된 인생이 되어야 합니다. 내 빛은 내 허물과 수치입니다. 하나님께서 모든 것을 창조의 시선으로 보시기에 내놓기만 하면 보시기에 좋았다고 하십니다.

(중략)

느낀 점

창조의 목적은 거룩이라고 하시는데, 저는 예수를 믿는다고 하면서도 말씀의 빛을 받지 못했고, 외도하는 남편으로 인해 혼돈과 공허로 흑암이 깊은 삶이었습니다. 저는 모든 것을 선악의 문제로 보고 남편의 잘못만 탓했습니다. 가인이 죄의 소원을 다스리지 못하고 빗나간 예배로 아벨을 살인했으면서도 끝까지 회개하지 않고 하나님을 떠난 것처럼, 저도 남편을 미워하고 원망하면서도 죄가 무엇인지 몰라 하나님을 떠나 죽을 인생이었습니다. 그런데 교회에서 말씀을 들으면서 남편의 외도 사건은 성자 하나님께서 나에게 꼭 맞는 사건으로 디자인하셔서 성부 하나님의 뜻을 나타내신 것으로 해석이 되었습니다. 그리고 말씀 듣는 구조 속에서 순종해 가니 나를 지으신 하나님께서는 저를 재창조해 가셨습니다.

하나님은 각기 종류대로 먹히기 위해 열매를 맺으라고 하시는데 저는 각각의 종류를 인정하지 않았습니다. 먹히려고 하기보다는 내 야망대로 열매를 맺으려고 남편을 무시하고 다그치며 인정받기 위해 지나치게 열심을 냈습니다. 재혼이라는 피해 의식과 열등감으로 가인처럼 남편에게 책임을 전가하다가 선악과를 먹은 본질적인 죄는 알지도 못할뻔했는데, 하나님은 사건으로 저를 찾아오셔서 회개할 기회를 주시고 말씀으로 양육해 가십니다.

벌을 주신 목적은 영적 후손을 낳기 위함이라고 하셨는데, 남편의 외도를 통해 희생과 인내를 배우게 하시고 구속사의 계보에 오르는 인생이 되게 해 주셔서 감사합니다. 나의 연약을 부르짖고 회개할 때, 내 옆의 힘든 지체가 비로소 여호와의 이름을 부르게 된다는 것을 알고 사명을 잘 감당하겠습니다.

4. 매일 큐티

큐티엠에서 발행하는 월간 QT묵상지,《큐티인》을 활용하여 일주일간 큐티를 하고, 매일 느낀 점만 간략히 적어 오는 과제입니다. 말씀 묵상 후 깨달은 점을 자신의 상황에 구체적으로 연결시켜 보고, 말씀 묵상 후 일어난 생각의 변화 등을 작성합니다. A4 용지 한 장에 3일 분량이 들어가도록 큐티 하나당 4-5줄 정도 적습니다(일주일에 3일 이상).

매일 큐티 예시 (박재석)

OO년 O월 O일 - 시편 1:1-6

오늘 말씀을 묵상하며, 저만의 특유의 성실함을 무기로 아직도 '세상 성공이 형통'이라는 무의식적 사고가 제게 있음을 깨닫게 되었습니다(3절). 외적인 환경과 상관없이 말씀을 보는 구조 속에 있는 것이 가장 형통한 삶이라는 것을 머리로는 알고 있지만, 여전히 '주님이 채워 주신 물질과 세상 성공이 더해져야만 진정한 형통이지'라는 바람에 나는 겨(4절)와 같은 악인들의 생각에 빠져 이원론적인 신앙생활을 하고 있었음을 고백합니다. 이런 기복적인 저의 구원을 위해 주님이 가장 알맞게 허락하신 고난이 바로 자녀의 질병 고난이라는 것을 인정하지 않을 수가 없습니다.

OC년 O월 O일 - 창세기 44:1-13

오늘 본문에서 형제들은 요셉이 베냐민의 자루에 넣은 은잔 때문에 도둑으로 몰립니다(2, 12절). 그러나 이 일은 형제들에게 요셉을 팔아넘긴 죄를 기억나게 하시려는 하나님의 세팅이었습니다. 저 또한 작은 새 한 마리의 죽음으로 가족에게 혈기 부린 이 일이야말로 하나님이 저의 죄패를 기억나게 하시려고 주신 사건이라는 생각이 들었습니다. 그래도 형제들은 억울한 상황에서도 과거에 요셉을 팔아넘긴 죄를 기억하여 연대책임을 지고 애굽으로 돌아갔습니다(13절). 하지만 저는 또다시 예전의 혈기 대마왕으로 돌아가 가족에게 큰 상처를 주고 말았습니다.

교회 청년부 시절을 은혜롭게 보냈지만, 중장년기에 접어들어서는 묵상한 말씀을 지식으로 삼아 사람들을 판단하게 되었습니다. 오늘 본문에서 바울은 "너희 가운데 분쟁이 없이 같은 마음과 같은 뜻으로 온전히 합하라"(10절)고 하는데, 저는 작년 교회 소그룹 모임에서 그러지 못해 힘든 시간을 보냈습니다. 공동체에 온 지 얼마 되지 않은 부부를 내 생각으로 판단하며 가르치려 하다가 1년 가까이 원망의 말을 들어야 했습니다. 처음에는 내 죄가 보이지 않아 분이 나고 힘들었지만, 시간이 지날수록 이 일이 우연이 아니라는 생각이 들었습니다. 그러던 중 이것이 하나님보다 앞서는 내 생각과 내 열심을 빼시려는 하나님의 계획임을 깨닫게 되었고, 저를 원망한 지체에게 진심 어린 사과를 할 수 있게 되었습니다. 이제는 공동체에서 갈등을 겪을 때마다 이것이 말의 지혜가 아닌 오직 그리스도의 십자가로 복음을 전하게 하시려는 주님의 선한 계획임을 인정하고, 지체들과 같은 마음과 같은 뜻으로 온전히 합하겠습니다(10, 17절).

5. 생활 숙제

각 과의 주제에 맞는 실천 과제가 주어집니다. 예를 들어 간증문 작성하기, 기도생활의 문제점 찾아보기 등 다양합니다. 생활 숙제를 바탕으로 한 주간 실천한 뒤 느낀 점을 적고, 그 내용이 주제와 통일성을 이루도록 합니다.

6. 성구 암송

각 과의 내용을 함축하고 있는 주제 성경 구절을 한 주간 꾸준히 암송합니다. 주제 성경을 암송하면, 해당 주제를 파악하는 데 큰 도움이 됩니다. 그러므로 마지막에 급히 외우지 않도록 주의합니다.

과제물 점검표 '하나님 앞에서'

과제	주제 큐티	주일 설교	수요 설교	독서물	생활 숙제	매일 큐티	성구 암송
01							
02							
03							
04							
05							
06							
07							
08							
09							
10							

THINK 양육 과제물

01 신앙고백과 간증 - 나의 출애굽

주제 큐티 누가복음 5:1-11
독 서 물 『효과적인 간증』(데이브 도슨, 네비게이토)
생활 숙제 나의 출애굽 사건을 간증문으로 작성해 봅시다.
성구 암송 로마서 10:9-10, 누가복음 5:8

02 시간 관리 - 급한 일과 중요한 일

주제 큐티 창세기 28:10-22
독 서 물 『늘 급한 일로 쫓기는 삶』(찰스 험멜, IVP)
생활 숙제 한 주간 시간을 어떻게 보냈는지 시간표를 작성해 보고, 내 삶에서 가지치기해야 할 것은 무엇인지 적어 봅시다.
성구 암송 마가복음 1:35, 창세기 28:18

03 큐티 - 날마다 촉촉이 적셔 주는 이슬비

주제 큐티 이사야 6:1-13
독 서 물 『날마다 큐티하는 여자』(김양재, QTM)
생활 숙제 말씀에 순종하는 삶을 살기 위한 실천 방법을 찾아 적용한 후, 느낀 점을 나눠 봅시다.
성구 암송 시편 1:1-2, 이사야 6:5

04 기도 - 말씀대로 기도하기

주제 큐티 사무엘하 7:18-29
독 서 물 『무엇을 기도할까』(옥한흠, 국제제자훈련원)
생활 숙제 내 기도생활의 문제점을 찾아보고, 개선해야 할 점을 나눠 봅시다.
성구 암송 빌립보서 4:6-7, 사무엘하 7:27

05 하나님 - 100% 옳으신 하나님

주제 큐티 창세기 50:15-21
독 서 물 『돌탕집탕』(김양재, 두란노)
생활 숙제 예배, 가정, 사회생활에서 변화된 부분과 죄에 대한 민감함에서 달라진 점은 무엇인지 나눠 봅시다.
성구 암송 로마서 11:36a, 창세기 50:20

06 예수 그리스도 - 영혼 구원을 위한 십자가

주제 큐티 요한복음 19:17-30
독 서 물 『예수가 선택한 십자가』(맥스 루케이도, RHK)
생활 숙제 내가 져야 할 십자가와 자랑해야 할 죄패는 무엇인지 나눠 봅시다.
성구 암송 로마서 5:8, 요한복음 19:28

07 성령님 - 갈등 충만은 성령 충만

주제 큐티 사도행전 7:54-60
독 서 물 『내 인생 최고의 선택』(김양재, QTM)
생활 숙제 나를 힘들게 한 갈등 충만의 상황을 말씀의 충만함으로 이겨 낸 경험을 나눠 봅시다.
성구 암송 갈라디아서 5:22-23, 사도행전 7:55

08 거듭남 - 절대 죄인

주제 큐티 로마서 3:9-20
독 서 물 『절대복음』(김양재, QTM)
생활 숙제 나는 어디에 치우쳐 있었고(자녀, 건강, 감정, 이성, 음란 등), 거듭난 이후 어떻게 달라졌는지 나눠 봅시다.
성구 암송 창세기 3:16, 로마서 3:10

09 믿음 - 구원에 이르는 믿음

주제 큐티 마가복음 5:25-34
독 서 물 『새 말씀 새 부대 새 노래』(김양재, QTM)
생활 숙제 내 믿음이 온전해지라고 허락하신 혈루의 사건은 무엇이며, 어떻게 회복되었는지 나눠 봅시다.
성구 암송 에베소서 2:8-9, 마가복음 5:34

10 영혼 구원 - 인생의 목적

주제 큐티 로마서 9:1-13
독 서 물 『전능자의 그늘』(엘리자베스 엘리엇, 복 있는 사람)
생활 숙제 아직 구원받지 못한 가족이 있다면, 나의 근심과 고통의 마음을 담아 교회로 초청하는 편지를 작성해 봅시다.
성구 암송 요한계시록 22:2b, 로마서 9:3

성구 암송

01 신앙고백과 간증 - 나의 출애굽

롬 10:9-10 네가 만일 네 입으로 예수를 주로 시인하며 또 하나님께서 그를 죽은 자 가운데서 살리신 것을 네 마음에 믿으면 구원을 받으리라 사람이 마음으로 믿어 의에 이르고 입으로 시인하여 구원에 이르느니라
눅 5:8 시몬 베드로가 이를 보고 예수의 무릎 아래에 엎드려 이르되 주여 나를 떠나소서 나는 죄인이로소이다 하니

02 시간 관리 - 급한 일과 중요한 일

막 1:35 새벽 아직도 밝기 전에 예수께서 일어나 나가 한적한 곳으로 가사 거기서 기도하시더니
창 28:18 야곱이 아침에 일찍이 일어나 베개로 삼았던 돌을 가져다가 기둥으로 세우고 그 위에 기름을 붓고

03 큐티 - 날마다 촉촉이 적셔 주는 이슬비

시 1:1-2 복 있는 사람은 악인들의 꾀를 따르지 아니하며 죄인들의 길에 서지 아니하며 오만한 자들의 자리에 앉지 아니하고 오직 여호와의 율법을 즐거워하여 그의 율법을 주야로 묵상하는도다
사 6:5 그 때에 내가 말하되 화로다 나여 망하게 되었도다 나는 입술이 부정한 사람이오 나는 입술이 부정한 백성 중에 거주하면서 만군의 여호와이신 왕을 뵈었음이로다 하였더라

04 기도 - 말씀대로 기도하기

빌 4:6-7 아무 것도 염려하지 말고 다만 모든 일에 기도와 간구로, 너희 구할 것을 감사함으로 하나님께 아뢰라 그리하면 모든 지각에 뛰어난 하나님의 평강이 그리스도 예수 안에서 너희 마음과 생각을 지키시리라
삼하 7:27 만군의 여호와 이스라엘의 하나님이여 주의 종의 귀를 여시고 이르시기를 너가 너를 위하여 집을 세우리라 하셨으므로 주의 종이 이 기도로 주께 간구할 마음이 생겼나이다

05 하나님 - 100% 옳으신 하나님

롬 11:36a 이는 만물이 주에게서 나오고 주로 말미암고 주에게로 돌아감이라
창 50:20 당신들은 나를 해하려 하였으나 하나님은 그것을 선으로 바꾸사 오늘과 같이 많은 백성의 생명을 구원하게 하시려 하셨나니

06 예수 그리스도 - 영혼 구원을 위한 십자가

롬 5:8 우리가 아직 죄인 되었을 때에 그리스도께서 우리를 위하여 죽으심으로 하나님께서 우리에 대한 자기의 사랑을 확증하셨느니라
요 19:28 그 후에 예수께서 모든 일이 이미 이루어진 줄 아시고 성경을 응하게 하려 하사 이르시되 내가 목마르다 하시니

07 성령님 - 갈등 충만은 성령 충만

갈 5:22-23 오직 성령의 열매는 사랑과 희락과 화평과 오래 참음과 자비와 양선과 충성과 온유와 절제니 이같은 것을 금지할 법이 없느니라
행 7:55 스데반이 성령 충만하여 하늘을 우러러 주목하여 하나님의 영광과 및 예수께서 하나님 우편에 서신 것을 보고

08 거듭남 - 절대 죄인

창 3:16 또 여자에게 이르시되 내가 네게 임신하는 고통을 크게 더하리니 네가 수고하고 자식을 낳을 것이며 너는 남편을 원하고 남편은 너를 다스릴 것이니라 하시고
롬 3:10 기록된 바 의인은 없나니 하나도 없으며

09 믿음 - 구원에 이르는 믿음

엡 2:8-9 너희는 그 은혜에 의하여 믿음으로 말미암아 구원을 받았으니 이것은 너희에게서 난 것이 아니요 하나님의 선물이라 행위에서 난 것이 아니니 이는 누구든지 자랑하지 못하게 함이라
막 5:34 예수께서 이르시되 딸아 네 믿음이 너를 구원하였으니 평안히 가라 네 병에서 놓여 건강할지어다

10 영혼 구원 - 인생의 목적

계 22:2b 강 좌우에 생명나무가 있어 열두 가지 열매를 맺되 달마다 그 열매를 맺고 그 나무 잎사귀들은 만국을 치료하기 위하여 있더라
롬 9:3 나의 형제 곧 골육의 친척을 위하여 내 자신이 저주를 받아 그리스도에게서 끊어질지라도 원하는 바로라

MEMO

MEMO

THINK 양육

초판 발행일 ㅣ 2015년 1월 26일
개정증보 2판 1쇄 ㅣ 2026년 1월 30일

발행인 ㅣ 김양재
편집인 ㅣ 송민창
편집자문 ㅣ 성승완 이성훈 정지훈
편집장 ㅣ 정지현
편집 ㅣ 김윤현 진민지 장승영
디자인 ㅣ 디브로㈜ 정승원 문성경

발행처 ㅣ 큐티엠
주소 ㅣ 경기도 성남시 분당구 대왕판교로385번길 26, 2층 단행본 편집부 (우)13543
편집 문의 ㅣ 031-606-3854 **구입 문의** ㅣ 031-707-8781
팩스 ㅣ 031-990-6935
홈페이지 ㅣ www.qtm.or.kr **이메일** ㅣ books@qtm.or.kr
인쇄 ㅣ ㈜신우디앤피
총판 ㅣ ㈔사랑플러스 02-3489-4300

ISBN ㅣ 979-11-94352-25-9

큐티엠(QTM, Question Time Movement)은 '날마다 큐티'하는 말씀묵상 운동을 통해
영혼을 구원하고, 가정을 중수하고, 교회를 새롭게 하는 일에 헌신합니다.